KB101040

왜 주원장은 명나라를 세웠을까?

교과서 속 역사 이야기, 법정에 서다

26
역사공화국
세계사법정

한림아 vs 주원장

왜 주원장은 명나라를 세웠을까?

글 전순동 · 그림 안희숙

주 자음과모음

몽골 제국의 붕괴와 더불어 14세기 동아시아는 커다란 변혁을 맞이했습니다. 중국에는 한족의 명나라가 들어섰고, 한반도에는 고려가 망하고 조선 왕조가 섰으며, 바다 건너 일본에는 무로마치 막부가 출현하여 남북조의 혼란을 수습했지요. 동아시아 각 지역은 통일의 흐름 가운데 명나라 중심의 국제 질서를 이루면서 하나의 문화권을 형성해 나갔습니다.

그렇기에 원나라 말기 사회가 혼란한 가운데 홍건적의 일파인 주원장이 최후 승자가 되어 1368년 명나라(1368~1644)를 세운 것을 어떻게 평가할 것인가, 그리고 가난한 농민 출신의 주원장이 어떤 방법으로 어떤 과정을 거쳐 군주권을 확립해 갔는가 하는 것은 많은 사람들의 흥밋거리입니다.

중국에서 왕조를 세운 군주들은 대부분 정치권력을 장악할 만한 사회적·경제적 지위나 명성을 가지고 있었습니다. 예를 들어 당나라를 세운 이연은 수나라 말기 태원 유수였고, 송나라를 세운 조광윤은 후주의 절도사였어요. 빈농 출신으로 농민 반란을 일으켜 한나라를 세운 유방도 실은 진나라의 하급 관리였답니다. 즉, 당시 정치권력을 장악할 만한 정치적·사회적 지위를 가진 사람이 나라를 세웠다고 할 수 있지요.

이에 비해 사회적·군사적 지위도 없고 명망이나 경제력도 전혀 없는 그야말로 빈농 출신인 주원장이 명나라를 세운 것은 예외적이었어요. 더욱이 당시 중국이 막강한 몽골 족 왕조의 다스림을 받고 있었다는 점까지 고려한다면, 중국 역사상 보기 드문 예라 할 수 있습니다. 이 때문에 사람들은 여러 군웅들 가운데 어떻게 해서 주원장이 최후 승자가 되었는지, 그리고 그것이 민족 운동인지 아니면 농민 운동인지 따지곤 합니다.

원나라 세조(재위 1260~1294)가 죽은 뒤 황실이 사치하고 국교인 라마교에 지나치게 빠진 나머지, 대규모의 사찰 건축과 화려한 불교 행사로 국고가 탕진되었지요. 비어 가는 국고를 채우기 위한 무거운 세금 징수는 농민들의 생활을 어렵게 만들었고, 거기에 설상가상으로 가뭄과 홍수로 황허 강이 범람하는 등 자연재해가 뒤따르자 심각한 경제 위기를 당하게 되었어요. 이러한 때에 생활에 위협을 받고 있던 농민들은 현실 도피의 수단으로 백련교를 믿었습니다. 허베이 성에 본거지를 둔 백련교 교주 한산동은 "장차 미륵불이 출현하여 이상 사회를 건설한다"고 부르짖으며 각지의 신도를 모아 세력을 넓혀 가고 있었지요. 한산동은 자신이 '송나라 휘종의 8대손'이라 주장하며 1351년에 농민들을 규합하여 반란을 일으켰습니다. 이 반란군은 머리에 붉은 두건을 썼기 때문에 흔히 홍건적이라 불립니다.

그런데 얼마 후 교주 한산동이 원나라 군대에 붙잡혀 죽습니다. 그러자 유복통 등은 1355년 한산동의 아들 한림아를 '소명왕(小明王)'으로 추대하고 나라 이름을 '대송(大宋)'이라 정한 뒤, 보저우를 수도로 삼고 연호를 '용봉(龍鳳)'이라 했습니다. 이 무렵 화베이와 양쯔 강 중·하류 일대는 한림아와 유복통의 지휘 아래 원나라 타도와 현상 타파를 부르짖는 홍건적이 대부분 지배하게 되었지요.

홍건적은 세 갈래 길로 북진하여 원나라 조정을 위협했습니다. 하지만 원나라군의 완강한 반격을 받아 결국 실패하고 말지요. 원나라군의 반격을 받아 쫓기던 일부 홍건적 무리가 먹을 것을 찾아 압록강을 건너 약탈을 자행했는데, 그것이 고려 말 공민왕 때 두 차례에 걸쳐 일어났던 홍건적의 침입입니다.

소명왕 한림아는 몽골 족을 몰아내는 데 실패하지만, 강남으로 진출한 주원장은 다른 반란 세력을 무너뜨리고 1368년 난징에서 명나라를 세우고 원나라를 몰아냄으로써 중국을 통일합니다.

원나라 타도를 눈앞에 두고 주원장의 말만 믿고 있다가 배가 전복되어 물에 빠져 죽은 대송국의 왕 한림아는, 이에 대해 다 된 밥에 코 빠트린 격이라며 억울해합니다. 주원장은 홍건적의 배반자요 농민을 저버린 기만자이며, 자신을 고의로 죽인 살인자이고, 권모술수로 자신이 쌓아 놓은 공적을 가로채 천하를 거머쥔 비열하고 악랄한 자라고 주장하고 있지요. 그리고 마침내 피고 주원장을 상대로 역사공화국 세계사법정에 소송을 제기했습니다.

원나라 말기에 패배자와 승리자로 엇갈린 두 사람의 행보와 운명, 이에 대해 여러분은 어떻게 평가하겠습니까? 원고와 피고의 치열한 공방전을 지켜보면서 각자 판단해 보기 바랍니다.

전순동

차례

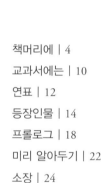

몽골 족을 몽골 고원으로 몰아내고 중
국 전통적인 한 문화를 다시 일으킨 것
은 명나라였다. 명의 태조 주원장은 몽
골 족이 세운 원의 지배를 받는 동안 파
괴되었던 한족 고유의 문화를 회복시
키는 데 힘을 기울였다.

중학교

역사

IX. 교류의 확대와 전통 사회의 발전
1. 동아시아 전통 사회의 발전
– 유교 문화가 다시 일어난 명

주원장은 부모에 대한 효도, 윗사람에 대한
공경 등을 비롯한 유교에 바탕을 둔 '여섯 가
지 가르침'이라는 뜻의 '육유'를 제정하여 생
활 윤리로 정착시켰다. 또한 과거제를 부활하
여 유학자들을 관리로 선발하였다. 이렇게 유
교 문화를 다시 일으켜 세우려고 노력하였다.

13세기 동아시아 정세는 몽골 인이 대두하면서 큰 변화가 일어났다. 칭기즈 칸이 몽골 부족을 통일하고 정복 전쟁을 벌여 대제국을 건설하였다. 그 후 쿠빌라이가 남송을 정복하고 국호를 대원이라 하였다(1271). 그러나 쿠빌라이가 죽은 후 국력이 약화되고 과중한 세금 징수 등으로 농민의 원성을 사게 되었다. 결국 비밀 종교인 백련교 신도들이 중심이 된 홍건적의 난이 일어나게 되었다. 주원장은 명을 세우고 몽골 인을 만리장성 북쪽으로 몰아냈다.

고등학교	세계사	Ⅳ. 지역 경제의 성장과 교류의 확대 　1. 동아시아 세계의 다원화와 교류 　　(2) 정복 왕조의 등장과 동아시아 　　　–몽골 제국의 발전과 쇠퇴
		Ⅴ. 지역 세계의 팽창과 세계적 교역망의 형성 　1. 동아시아 사회의 발전과 한계 　　(1) 명·청의 건국과 발전 　　　–명의 발전

권농기관 영전사 설치
농사 장려

유민들이 농사와 군사 활동을 하는
둔전제 실시

상세를 거두어 군사비 충당

화폐제도 확립

태조 주원장(홍무제)은 난징을 수도로 삼아 1368년에 명을 건국하였다. 주원장은 몽골을 북방으로 몰아내고 황제의 권력을 강화하기 위해 행정과 군사권을 직접 장악하였다. 과거제와 학교제를 부활시키고 백성에게 유교 도덕을 권장하였다.

1206년	칭기즈 칸, 몽골 통일
1215년	영국, 대헌장 제정
1234년	금나라 멸망
1271년	몽골, 국호를 원이라 함
1279년	남송 멸망, 원의 중국 통일
1299년	오스만 제국 성립
1328년	주원장 탄생
1333년	일본, 가마쿠라 막부 붕괴
1337년	백년전쟁(~1453)
1351년	홍건적의 난 일어남
1355년	한림아, 소명왕이 됨
1356년	주원장, 오국공이 됨 금인칙서 반포
1364년	주원장, 오왕으로 추대됨
1368년	주원장, 명 건국

1231년	몽골의 제1차 침입
1232년	몽골의 제2차 침입, 강화 천도
1234년	고려 『상정고금예문』 인쇄
1236년	팔만대장경 조판 착수(~1251)

1270년	개경 환도, 삼별초의 대몽 항쟁
1274년	고려·원의 제1차 일본 원정 실패
1352년	공민왕, 원 배격 정책, 개혁 정치
1359년	홍건적 1차 침입으로 서경 함락됨

1361년	홍건적 2차 침입으로 개경 함락됨
1363년	문익점, 원에서 목화 전래
1369년	고려, 원의 연호 사용 중지, 명에 사신 보냄
1370년	명에서 고려 왕을 책봉
1377년	세계 최초 금속 활자본 『직지심체요절』 발간 최무선의 건의로 화약 무기 제조

1388년	이성계, 위화도 회군
1392년	고려 멸망, 조선 건국

원고 **한림아(?~1366년)**

원나라 말기에 홍건적 지도자인 한산동의 아들로 태어났어요. 1355년에 소명왕(小明王)으로 즉위해 국호를 송, 연호를 용봉이라 하고 홍건적을 다스렸지요. 홍건적의 난을 주도하고 반원 운동을 펼치다가 강물에 빠져 죽었어요.

원고 측 변호사 **유능환**

내가 딱 질색인 게 정치인의 권모술수예요. 이 재판을 통해 홍건적에서 변절하고 비열한 계략으로 나라를 세운 주원장의 실체를 제대로 알릴 생각입니다.

원고 측 증인 **한산동**

백련교도의 교주로 한림아의 아버지요. 몽골 귀족의
폭정에 맞서 홍건적의 난을 일으켰소이다.

원고 측 증인 **관 선생**

홍건적 장수로 한림아 휘하에서 북벌에 참가했다가
원나라군에 쫓겨 고려로 쳐들어갔지요.

원고 측 증인 **유복통**

한산동, 한림아와 함께 홍건적의 난을 일으켰어요.
내가 한림아를 소명왕으로 추대했지요.

피고 주원장 (1328년~ 1398년)

전염병으로 가족을 잃고 열일곱 살에 걸식승이 되어 유랑하다가 홍건적이 되었지요. 원나라 말기에 난세를 평정하고 난징에서 명나라를 세웠습니다.

피고 측 변호사 명석환

가난한 농부의 아들로 태어나 성실함과 기지, 용기로 난세를 평정한 주원장이야말로 영웅 중의 영웅이지요. 이 재판이 그의 탁월함을 널리 알릴 기회가 될 겁니다.

피고 측 증인 유기

문인으로 원나라 말기에 사회의 모순과 부조리를 풍자한 글을 많이 썼어요. 주원장의 모사가 되어 중국 통일에 중요한 역할을 했지요.

피고 측 증인 서달

주원장의 수족과도 같은 무관으로, 명나라 건국 공신이 되었답니다. 주원장이 즉위하자 무관 제일의 자리를 차지했지요.

판사 명판결

나는 역사공화국에서 명쾌한 판결을 내리기로 소문난 명판결 판사입니다. 역사에 대한 호기심과 공정한 판결에 대한 노력은 나를 능가할 사람이 없지요!

"명나라를 세운
주원장을 상대로 소송을?"

역사공화국 수도 남쪽 변두리 광장에는 오늘도 사람들이 몰려들고 있다. 광장 장터로 장을 보러 오는 사람들도 많지만, 이곳이 역사 속에서 억울한 일을 당한 사람들이 불만을 토로하는 곳이다 보니 늘 사람들로 붐비는 것이다.

광장 서편으로 세계사법정이 바라보이는 이곳 광장에는 오늘도 많은 사람들이 몰려서서, 세계사법정에서 열릴 흥미로운 소송 사건을 두고 이러쿵저러쿵 이야기를 나누고 있다.

"여러분! 몽골 족을 몰아내고 한족의 나라, 명나라를 세운 사람이 누군지 아세요?"

"그야 주원장이지요."

"그런데 명나라를 세운 주원장을 상대로 재판이 벌어진답니다.

한림아가 주원장을 농민을 속인 자이자 자신을 죽인 살인자라고 하며 소송을 제기했지요."

"그래요? 그런데 당신은 뉘시오?"

"흠. 나는 권모술수와 비열한 방법으로 천하를 거머쥔 주원장을 법정에서 논단할 유능환 변호사요. 주원장은 홍건적의 배반자요, 자신이 모시던 한림아를 죽이고 황제가 된 배은망덕한 반역자이지요."

"아니, 주원장이라면 강한 몽골 족을 몰아내고 명나라를 세운 태조 홍무제가 아니오? 대단한 사람이었지요. 가난한 농민의 아들로 태어나 마침내 천하를 호령한 사람인데, 그를 상대로 한림아 측 변호를 맡다니……. 변호사님! 당신이 유능한 변호사라는 건 내가 잘 알지만, 그렇다 해도 이 사건으로 고생이 많을 것 같은데요?"

"모르는 말씀 마세요. 내가 『원사』, 『명사』, 그 외에도 많은 책들을 읽어 보고 여러 자료들을 찾아 연구하면서 재판을 준비해 왔어요. 한림아의 사연을 알리고 억울함을 꼭 풀어 주고 말겠어요."

유능환 변호사는 자신만만하다.

주원장 측 변호사는 저 유명한 명석환 변호사다. 유능환 변호사 대 명석환 변호사, 역사공화국에서 내로라하는 두 변호사의 논리와 입담과 재간이 맞붙게 되었으니 기대가 자못 크다.

재판은 한겨울 1월 23일에 열린다. 이날은 주원장이 명나라 황제로 즉위한 날이기에 더욱 의미가 있다.

한림아와 주원장의 재판 과정에서 과연 어떠한 얘기들이 오고 갈까? 유능환 변호사와 명석환 변호사는 어떠한 논리로 공방전을 펼처 나갈까? 과연 판결은 어떻게 날까? 사람들은 한림아가 주원장을 고소한 이 사건이 어떻게 펼쳐질지 궁금해하며 세계사법정으로 들어선다.

자, 우리도 재판이 열리는 세계사법정으로 함께 들어가 보자.

왜 주원장은 명나라를 세웠을까?

농부의 아들 주원장, 황제가 되다!

　　중국 명나라의 초대 황제인 주원장은 중국을 통일하였으며 과거 제도를 정비하고 전국의 토지를 조사하는 등 많은 업적을 남긴 인물입니다. 하지만 주원장이 태어날 때부터 황족이었던 것은 아닙니다. 황족은커녕 가난한 농사꾼의 자식으로 태어나 배고픔과 가난에 허덕여야 했지요.

　　주원장이 태어난 당시 중국은 칭기즈 칸과 쿠빌라이 칸으로 이름 높은 원나라가 다스리고 있었습니다. 원나라는 몽골 인 제일주의 정책을 펼치며 한인과 남인을 억압하였지요. 그뿐 아니라 관료들은 사치했고 부족한 국가 재정을 충당하기 위하여 백성들에게 무거운 세금을 거두었기에, 백성들의 원성이 높아만 갔습니다.

　　이렇게 나라가 어려운 상황에서 주원장 역시 어려운 시기를 보내야 했습니다. 주원장의 부모와 큰형은 영양실조 상태에서 전염병에 걸려 세상을 떠났고, 주원장은 여기저기 돌아다니며 비렁뱅이 생활로 하루하루를 버티고 있었지요.

　　그런데 주원장의 인생과 중국의 역사를 뒤집는 어마어마한 사건이 발생합니다. 바로 '홍건적의 난'이었지요. 백련교 신도들이 중심이 되어 농민들과 함께 난을 일으킨 것입니다. 주원장도 여기에 동참하고 두각을 드러내게 되지요. 홍건적 두목 한산동의 아들인 한림아에게서 부원수라는 직함까지 받게 됩니다. 하지만 주원장보다 큰 세력을 가진 사람들은 많았습니다. 주원장에게는 특별히 내세울 장점이 없었지요. 주원장은 "명분을 뚜렷이 내세우고 민심을 잡으라"는 선비들의 말을 따릅니다. 결국 홍건적의 난으로 시작된 소용돌이는 주원장이 명나라를 세움으로써 끝이 납니다.

하지만 명나라 주원장에 대한 후대의 평가는 엇갈립니다. '중국을 통일한 황제', '난세의 영웅'으로 높이 평가받는 한편으로 왕이 되기 위해 한림아를 암살한 게 아닌가 하는 의혹을 받고 있고, 명나라를 세운 후에는 신하들이 황제 자리를 노리지 않을까 하는 두려움으로 많은 공신 및 관료들을 참혹하게 살해하였다 하여 중국의 대표적인 폭군으로 평가되기도 하지요.

| 원고 | 한림아 | 대리인 | 유능환 변호사 |
| 피고 | 주원장 | 대리인 | 명석환 변호사 |

청구 내용

원나라 말기에 피고 주원장은 갖은 계략으로 반원 운동을 전개했던 대송국의 왕인 나, 한림아를 죽이고 황제가 되었습니다.

14세기 중엽, 몽골의 지배를 받고 있던 중국에서는 황허 강의 잦은 범람과 자연재해로 농민들의 고통이 심했는데, 이러한 때에 원나라 황제가 황허 강 보수 공사에 농민을 대거 징발하니 민심이 흉흉해졌습니다. 1351년, 백련교도들이 교주이자 북송 휘종의 8대손인 나의 아버지 한산동이 중국의 황제가 되어야 한다면서 봉기하자, 그때까지 산발적으로 반란을 일으키던 농민 세력은 백련교를 중심으로 뭉쳐 '원나라 타도'를 부르짖었습니다. 붉은 두건을 머리에 둘러 홍건적이라 불렸던 이들은 화베이 지방부터 황허 강과 양쯔 강 유역에 이르는 넓은 지역에서 세력을 떨쳤습니다. 이에 원나라 관헌에서 나의 아버지를 체포해 처형하자, 그 영향으로 순식간에 여러 지역에서 원나라 타도를 부르짖는 반란이 일어났습니다.

이때 안후이 성과 허난 성 일대에서 활동하고 있던 유복통, 두준도 등은 농민들을 설득해 나를 황제로 옹립했습니다. 나는 '소명왕(小明王)'으로 즉위했고, 송의 부흥을 꿈꾸며 국호를 '대송(大宋)'이라 했습니다. 나의 휘하에서 홍건적은 원나라 타도를 눈앞에 두고 있었습니다.

그런데 내 부하였던 주원장은 천하를 거머쥐기 위해 홍건적을 저버리고 강남의 지주들과 손잡은 뒤 결국 나를 강물에 빠뜨려 죽이고 말았습니다. 그는 의리도 염치도 없는 기만자요, 배반자요, 살인자입니다.

송나라 황족으로서 평생 한족의 부흥과 사회 변혁을 주도해 온 나는 개인적인 억울함과 답답함은 물론이려니와 주원장 때문에 희생당한 많은 홍건적의 원한을 풀어 주고자 그의 온갖 만행과 살인죄를 세계사법정에 고소합니다.

입증 자료

- 『원사』,『명사』
- 중학교 역사 교과서
- 고등학교 세계사 교과서
- 오함,『주원장전』, 박원호 옮김, 지식산업사, 2003
- 전순동,『명 왕조 성립사 연구』, 도서출판 개신, 2000
- 전순동,『중국 역사 산책』, 서경문화사, 2004
  그 외 자료 추후 제출하겠음.

위 청구인 한림아
역사공화국 세계사법정 귀중

홍건적의 난은
왜 일어났을까?

1. 몽골 족은 한족을 어떻게 차별했을까?
2. 원나라의 농민들을 얼마나 가난했을까?

1

몽골 족은 한족을
어떻게 차별했을까?

"명나라를 세운 주원장이 고소를 당했다고?"

"그러게 말일세. 대송 정권의 우두머리로서 홍건적의 난을 주도했던 소명왕 한림아가, 자신이 황제가 되어 천하를 차지했어야 마땅한데 주원장에게 억울하게 죽임을 당해 나라를 세울 기회를 놓쳤다고 고소장을 냈다는 거야."

"응? 주원장이 소명왕을 죽였대? 소명왕은 배 타고 강을 건너다가 풍랑을 만나 빠져 죽었다던데?"

"여보시오! 모르는 소리 마세요. 소명왕은 당시 홍건적 세력의 거두 아닙니까! 그를 죽이고 주원장이 대신 천하를 차지한 것이지요. 그러니 소명왕 한림아는 억울하겠지요. 다 된 밥에 코를 빠트린 셈이 되었으니."

방청석이 소란스러워질 무렵, 검은 법복을 입은 판사가 천천히 법정 안으로 들어섰다. 판사가 자리에 앉자, 일어섰던 배심원과 방청객들도 각자 자리에 앉았다. 웅성거리던 법정 안이 조용해졌다.

거두
영향력이 크며 주요한 자리에 있는 사람을 말합니다.

판사 원고 측 변호인! 오늘 소송 사건의 내용을 말씀해 주세요.

유능환 변호사 오늘 사건은 원나라 말기 홍건적의 거두 한림아의 억울한 죽음에 대한 책임 문제를 따지는 소송입니다. 원고인 한림아는 원나라 말기에 고통을 겪고 있던 사람들을 구하기 위해 홍건적을 일으킨 한산동의 아들로, 대송국의 소명왕입니다. 피고 주원장은 원고인 소명왕 한림아가 부원수로 임명했던 홍건적 장수로, 피고는 주군인 원고 소명왕을 강물에 빠트려 죽이는 살인을 저질렀습니다. 그는 소명왕을 죽인 뒤 여세를 몰아 권력을 차지하고 명나라를 세운 비열하고 파렴치한 사람입니다.

"주원장이 그런 비열한 짓을 했다는 거야?"
"믿기지 않는군. 주원장이라면 이민족에게 압박받고 있던 농민들을 살리기 위해 명나라를 세운 태조 홍무제 아닌가."
법정 안이 다시 소란스러워졌다.

판사 조용히들 하세요! 조용히! 원고 측 변호인은 계속하세요.

유능환 변호사 피고는 비겁하게도 지주·지식인들과 손잡음으로

권모술수
목적 달성을 위해 수단과 방법을 가리지 않는 온갖 모략이나 술책을 말합니다.

개국 공신
나라를 세우는 데 공을 세운 신하를 말합니다.

봉기
벌처럼 떼 지어 세차게 일어나는 것을 말합니다.

써 자신을 키워 준 농민들을 저버렸습니다. 또한 천하를 거머쥐기 위해 신의도 양심도 헌신짝처럼 버린 채 악랄한 수법으로 원고를 강물에 빠트려 죽였고, 권모술수로 황제가 되어 명나라를 세운 후에도 많은 개국 공신(開國 功臣)들을 무참히 죽이고 제거했으니, 피고야말로 의리도 염치도 없는 기만자이자 살인자입니다. 이에 원고를 불러 직접 그 사연을 들어 보고자 합니다.

"주원장이 한림아를 죽였대."

"개국 공신도 많이 죽였다고?"

"주원장이 그런 끔찍한 자란 말인가?"

판사 　원고의 이야기를 들어 봅시다. 원고는 나와 주세요.

원고가 일어서자 웅성거리던 장내가 잠잠해졌다.

한림아 　나는 허베이 성 사람으로, 원나라 말기에 한족 부흥 운동을 했던 대송국의 소명왕입니다. 나의 아버지는 한산동으로, 집안 대대로 백련교도였지요. 아버지는 송나라 휘종의 8대손으로, 송나라를 멸한 원나라를 물리치기 위해 1351년 유복통과 함께 농민을 규합해 봉기했습니다. 농민군은 머리에 붉은 수건을 둘러 서로 동지임을 나타냈기 때문에 홍건적 또는 홍건군이라고 불렸어요. 나중에 아버지는 원나라 관료에 체포되어 죽고 말았습니다.

유능환 변호사　원고는 아버지의 뒤를 이어서 왕이 되었군요.

한림아　그렇습니다. 아버지가 억울하게 죽은 뒤 나는 어머니와 함께 산으로 들어가 피신해 있었는데, 유복통을 비롯한 여러 사람들이 찾아와 1355년에 보저우에서 나를 '소명왕'으로 세웠습니다.

유능환 변호사　나라 이름을 무엇이라 했습니까?

한림아　우리는 옛 송 왕조를 다시 일으킨다는 뜻으로 나라 이름을 '대송', 연호도 '용봉'이라 지어 지배 체제를 갖추어 나갔습니다. 더불어 보저우 서북쪽에 궁궐을 짓고 본격적인 홍건적 운동을 시작하였지요.

유능환 변호사　홍건적이 일어난 목적은 무엇이었나요?

한림아　두말할 것도 없이 몽골 족을 몰아내고 한족에 의한 국가를 세우자는 것이었지요. ▶억압받고 있는 농민들을 살리고 그들을 평화로운 세상에서 살게 하는 유일한 길은 무거운 세금을 걷어 가는 몽골 족 원나라를 타도하고 한족의 국가를 회복하는 것이었어요. 우리 홍건적은 '오랑캐를 몰아내고 중화를 회복하자'라는 분명한 목표를 가지고 단결해 반기를 들었습니다.

유능환 변호사　그때 피고의 태도는 어떠했습니까?

한림아　주원장은 우리 운동에 동조하는 척하더니만, 군대를 이끌고 남쪽으로 내려가 강남 지방의 지주들과 손잡

홍건적
동지의 표지로 붉은 두건을 사용한 것은 과거 송나라가 금나라의 공격을 받았을 때 남송 치하의 한인들이 이민족 금나라에 대한 저항의 상징으로 홍건을 사용한 데에서 유래합니다. 여기서는 몽골 왕조에 대한 민족적 저항이 홍건으로 상징되었던 것입니다.

보저우
중국 안후이 성 서북부에 있으며 조조의 고향입니다.

교과서에는

▶ 과중하게 세금을 걷어 가 농민들의 원성이 하늘을 찌르던 상황에서 홍건적의 난이 일어나게 됩니다.

고 자기의 정치적 야심을 채우려 했습니다. 주로 농민들로 이루어진 홍건적을 등에 업은 채 농민을 저버린 변절자요 기만자요 참으로 뻔 뻔한 자입니다.

판사　　　당시 농민 반란군은 모두 홍건적에 들어왔나요?

유능환 변호사　　　다 그랬다고 하기는 어렵지만, 이때 후베이 성 치저 우에서 반란을 일으킨 서수휘, 안후이 성의 곽자흥, 곽자흥 밑에 있 던 주원장, 장저우의 진우량, 쓰촨의 명옥진 등 여러 군웅 세력이 거 의 모두 홍건적의 세력 아래 있었습니다. 그러니 홍건적이 원나라

　　　왜 주원장은 명나라를 세웠을까?

말기 민족 운동의 중심체였습니다. 다만 장쑤 성 쑤저우 지방의 소금장사 장사성, 해상 세력인 방국진 등은 홍건적에 들어오지 않고 독자적으로 활동했지요.

판사　　그럼 홍건적이 민족 운동의 중심체라는 근거를 제시할 수 있습니까?

유능환 변호사　　홍건적은 농민을 억압하는 몽골 족을 몰아내고 한족에 의한 국가를 세우자고 주장했습니다. 나라 이름만 봐도 알 수 있습니다. 원고의 아버지인 한산동이 송 휘종의 8대손이니 이분이 나라의 황제가 되어야 한다고 주장했고, 아들인 원고 역시 원나라에 의해 멸망한 '송'을 재건한다는 의미에서 나라 이름을 '대송'이라 했지요. 다수 한족이 소수 몽골 족에게 지배당하는 불합리한 사회를 개혁하기 위하여 홍건적이 거세게 일어선 것입니다.

판사　　원나라 말기의 정세와 사회상을 말씀해 주시죠.

유능환 변호사　　존경하는 판사님! 저 역시 시대적 상황을 중요하게 생각합니다. 이에 증인 한산동의 증언을 듣고자 합니다.

판사　　좋습니다. 증인 한산동은 나와서 선서해 주세요.

한산동　　나 한산동은 진실만을 말할 것을 맹세합니다.

한산동이 선서하고 증인석에 앉자 유능환 변호사가 말했다.

유능환 변호사　　증인은 먼저 자기소개를 간단히 해 주시기 바랍니다.

한산동　　나는 송나라 휘종의 8대손이며, 아시다시피 원고인 한림

백련교

송(宋) · 원(元) · 명(明)에 걸쳐 성행하였던 신흥 종교로 미륵불이 인간 세상으로 내려오면 새로운 이상향의 세계를 건설한다고 믿었습니다.

치수

수리 시설을 잘하여 홍수나 가뭄의 피해를 막는 것을 말합니다.

가렴주구

가혹하게 세금을 거두어들이고 백성의 재물을 억지로 빼앗는 것을 가리키는 말이지요.

색목인

중국 원나라 때에 주로 터키 인, 이란 인, 아랍 인 등 외국인을 이르던 말로, 피부색이나 눈동자의 색이 다르기 때문에 붙여진 이름입니다.

교과서에는

▶ 원은 유목 생활로 잘 훈련된 강력한 군대를 곳곳에 배치하여 강한 군사력을 바탕으로 한족을 지배하였습니다.

▶▶ 몽골 족이 모든 분야에서 가장 우대를 받았고, 그 다음으로는 색목인이 우대를 받았습니다. 금의 지배를 받던 한인은 하급 관리로 임명되기도 했지만, 원에 끝까지 저항했던 남송의 한족은 심한 억압에서 벗어날 수 없었습니다.

아의 아비올시다. 우리 집안은 대대로 **백련교** 지도자였습니다. 1351년 5월, 원나라 순제가 황허 강 **치수** 공사를 위해 농민들을 대거 부역에 동원했는데, 이를 계기로 나는 유복통과 함께 백련교 신도들을 모아 원나라 타도를 위한 대규모 운동을 벌였습니다. 당시 위정자들의 한족에 대한 억압과 **가렴주구**가 심해 농민들을 이끌고 봉기한 것이지요.

유능환 변호사 당시 위정자들의 한족에 대한 억압과 가렴주구가 심했다고 했는데 그 상황을 말씀해 주시지요.

한산동 ▶정복 왕조인 원나라가 중국 민족 위에 군림한 태도는 실로 가혹하기 짝이 없었습니다. ▶▶원나라는 몽골 제일주의를 내세우며 민족 차별 정책을 썼습니다. 몽골 인은 제1계급으로 국족이라 하여 중앙 정부와 지방 행정 기관의 수뇌부를 독점했어요. 제2계급은 **색목인**으로 서역 사람들이었는데 이란계, 투르크계가 주를 이루었으며, 이들 역시 지배 계급이었습니다. 그리고 금의 지배를 받고 있던 한인은 제3계급, 남송의 지배하에 있던 남인은 제4계급으로, 이들은 모두 피지배 계급으로서 냉대를 받았습니다. 이렇게 네 개의 계급으로 나뉘어 있었는데, 전체 인구의 3%에 불과한 몽골 인과 색목인이 정치, 경제, 사회 등 모든 면에서 절대 우위를 차지했고, 83%나 되는 남인은 억눌림을 당하며 심하게 탄압받고 있었습니다.

유능환 변호사 남인이 거주하던 중국 중부, 남부 지방은

생산력이 가장 뛰어난 지역 아닙니까?

한산동　　그렇습니다. 원나라 재정의 80퍼센트를 '남인'이 충당하고 있었지요. 하지만 남인은 정치적으로 가장 낮은 대우를 받고 있었습니다. 이런 상황에서 특히 강남 지역 한족들의 불만이 하늘을 찔렀던 것이지요.

　　증언을 듣고 있던 명석환 변호사가 갑자기 자리에서 벌떡 일어나 한마디 했다.

쿠릴타이

원나라 때에 왕족과 장수들로 구성되던 족장 회의를 말합니다. 왕의 추대, 전쟁 개시, 조약 체결, 법령 제정 등 국가의 중대사를 협의했습니다.

명석환 변호사 그것 보세요. 강남 지역 농민들의 불만이 하늘을 찌르고 있었기 때문에 주원장은 그들을 구하고자 강남으로 내려갔던 것입니다. 주원장이 홍건적에 들어간 것은 억압받고 있는 농민들을 살리기 위함이었습니다. 피고는 농민들에 대한 생각을 한시도 머리에서 지운 적이 없습니다.

유능환 변호사 판사님! 지금 피고 측 변호인의 말은 변명처럼 들립니다.

명석환 변호사 변명이라니요. 사실을 사실대로 말한 것입니다.

판사 지금은 원고 측 변호인이 증인을 신문하고 있으니 피고 측 변호인은 기다려 주세요.

명석환 변호사 아, 제가 실수를 한 것 같습니다. 듣고만 있을 수가 없어서……

판사 원고 측 변호인은 계속해 주세요.

유능환 변호사 특히 원나라 마지막 황제인 순제 때 정치적 동요가 심했다고 들었는데, 왜 그렇게 되었는지 자세히 얘기해 주시지요.

한산동 그것은 제가 분명히 경험한 일 아니겠습니까. ▶원나라 말기에 이르러 원나라 정권 내부에서 권력 투쟁이 심했습니다. 황태자가 있어도 없는 것이나 마찬가지였어요. 아시다시피 황제가 죽으면 그때의 실력자들에 의해 **쿠릴타이** 회의가 열려 그 회의에서 다음 황제가 선출되었는데, 황제 옹립에 공을 세운 사람은 무리를 결성해 정권을 휘두르고

교과서에는

▶ 쿠빌라이가 죽은 뒤 원나라에서는 황위 계승 분쟁이 일어나 한시도 조용할 틈이 없었습니다.

반대파는 대항 세력을 형성해 그에 맞섰으니, 지배층 간에 권력 투쟁이 심했지요. 반면, 백성들을 다스리는 일에는 소홀하였기에 농민들은 불만이 컸습니다.

유능환 변호사　원나라 말기에 국가 재정 상황은 어떠했습니까?

한산동　원나라를 세운 몽골 족은 유목 민족으로 서아시아, 고려 등 주변 지역을 정복하기 위해 전쟁을 자주 일으켰고, 라마교가 원나라 국교가 되면서 승려들의 횡포가 심해 자연히 국가 재정의 소모가 많았습니다. ▶이로 인한 국가 재정 문제를 해결하기 위해 백성들에게 무거운 세금을 지우고 **교초**를 많이 발행했는데요, 이것이 물가를 높여서 백성들 생활을 어렵게 만들고 말았습니다. 게다가 가뭄, 홍수, 기근 등 자연재해가 심해 농민들의 생활은 극도로 어려워졌지요.

유능환 변호사　황허 강도 많이 범람했다면서요.

한산동　그렇습니다. 1344년부터 시작된 황허 강 범람이 문제였습니다. 1351년에는 공부상서 가로가 황허 강 치수를 위해 대규모 토목 공사를 크게 일으켰습니다. 농민 15만 명, 군인 2만 명을 동원해 제방을 쌓는 등 큰 공사를 시작했지요. 부패 무능한 왕조라 하지만, 황허 강 범람이라는 국가적 대재난을 방치할 수는 없는 일 아닙니까?

유능환 변호사　15만 명이나 되는 많은 농민을 어디서 동원했습니까?

교초
원나라의 지폐입니다. 송 대에 쓰촨에서 손님에게 철로 된 동전을 받으면 '교자'라 불리는 증명서를 발급해 주었는데, 나중에 이 방식을 정부에서 받아들여 교자가 법정 화폐로 유통되었지요. 뒷날 이 지폐를 교초라 부르게 되었습니다.

교과서에는

▶ 귀족들의 사치 탓에 재정은 파탄이 되고, 과중한 세금 징수와 교초의 남발로 농민들은 큰 불만을 갖게 됩니다.

한산동　이때 동원되었던 사람들은 대체로 허난 성의 농민들이었습니다. 이곳은 금나라의 지배를 받을 때나 원나라의 지배를 받을 때나 이민족에 의해 막대한 피해를 입었어요. 더욱이 수년간 계속된 수해로 농민들의 피해가 심했는데 또다시 이렇게 많은 농민을 부역에 동원하니 농민들의 불만이 이만저만이 아니었지요. 그야말로 원성이 하늘을 찌를 듯했습니다.

유능환 변호사　이때 백성들을 모아 반란을 주동한 사람이 증인이

　왜 주원장은 명나라를 세웠을까?

었지요?

한산동   그렇습니다. 가난한 농민들이 원나라에 대해 극심한 불만을 품고 난을 일으켰는데, 그 중심이 된 것이 백련교도였지요. 나는 허베이 성 롼청의 백련교 교주였는데, 조부 때부터 이 지역의 백련교 교주였기에 농민들을 모으는 데 누구보다 유리했습니다.

판사   피고도 함께 홍건적을 이끌고 민족 운동을 하지 않았습니까?

유능환 변호사   맞습니다. 본래 피고도 '오랑캐를 몰아내고 중화를 회복하자'고 주장하며 반원 운동에 나섰습니다. 그런 피고가 나중에는 대송 정권을 배반하고 강남으로 내려가 지주들과 손잡고 정치적 야심을 펼친 것입니다. 겉으로는 대송 정권 지배 아래 있는 척하면서 실은 민족을 저버리고 원나라 조정과 통하면서 비열한 수법으로 자기 정치 세력을 키워 나갔습니다.

명석환 변호사   존경하는 판사님! 지금 원고 측 변호인은 근거 없이 피고를 몰아세우고 있습니다. 피고는 항상 농민을 생각해 왔으며, 또한 원나라를 타도하고 한족에 의한 국가를 세운다는 뜻을 한시도 잊은 적이 없습니다.

유능환 변호사   원나라 타도를 위한 북벌 운동에 참가하지도 않고 뒤로 쑥 빠져 강남으로 갔는데 민족주의자라 할 수 있습니까? 판사님! 원고에게 당시 북벌 운동에 대해 들어 보고자 합니다. 이를 통해 피고의 행적을 확실히 알 수 있을 겁니다.

판사   알겠습니다. 원고는 당시의 상황을 자세히 말씀해 주시지요.

한림아   1357년 보저우에 근거를 둔 나와 유복통은 홍건적을 이

파죽지세
대나무를 쪼개는 듯한 강한 기세라는 뜻으로, 적을 거침없이 물리치고 쳐들어가는 기세를 이릅니다.

창출
전에 없던 것을 처음으로 생각하여 지어내거나 만들어 내는 것을 말하며 '새로 만듦'과 바꾸어 쓸 수 있는 말입니다.

끌고 북벌을 단행했습니다.

유능환 변호사 북진의 성과는 어떠했는가요?

한림아 홍건적은 파죽지세로 북상해 1358년에는 유복통이 카이펑을 점령하기도 했지요. 나는 그곳을 대송국의 수도로 삼았습니다.

유능환 변호사 카이펑이라 하면 옛날 송나라의 수도 아닙니까?

한림아 그렇습니다. 그렇기에 우리는 의기양양했지요. 여러 갈래로 나누어 진격한 홍건적은 원나라군과 싸워 승승장구했습니다. 원나라 타도는 목전에 있었지요.

유능환 변호사 그때 피고도 함께 북벌에 참여했습니까?

한림아 제가 분해하는 게 바로 그 점입니다. 북벌 참가가 뭡니까! 그때 주원장은 북벌은커녕 도리어 강남 지역으로 내려가 농민들을 착취하는 지주들과 손잡고 자기 세력을 키워 나가기에 정신없었습니다. 그는 농민군의 배반자입니다. 그가 민족주의자라는 것은 새빨간 거짓말입니다. 주원장은 민족을 생각하기보다는 자신의 정치권력을 생각하고 있었기에, 북벌 운동에 참가하지 않고 도리어 강남으로 내려가 자기의 정치적 토대를 쌓았던 것입니다.

유능환 변호사 홍건적이 분연히 일어난 것은 원나라를 타도하고 한족의 국가를 세우자는 것이었는데, 피고는 도리어 농민을 억압하는 지주·지식인과 손을 잡고 권력 창출에 혈안이 되어 있었습니다. 이로 미루어 보아 피고가 다른 속셈을 품고 있었음에 틀림이 없습니다. 다만 홍건적이라고 위장하고 있어서 원고가 알아차리지 못했지요. 피고는 상관을 속이고, 농민을 기만한 자입니다. 마땅히 그 악랄한 죄를 물어야 합니다.

유능환 변호사는 변론을 마치고 흐뭇한 표정으로 자리에 돌아갔다.

피고는 농민들을 착취하는 지주들과 손잡고 자기 세력을 키웠어요.

2

원나라의 농민들은
얼마나 가난했을까?

유능환 변호사가 신문을 끝내자, 명석환 변호사가 자리에서 벌떡 일어났다.

명석환 변호사   존경하는 판사님! 그리고 배심원 여러분! 원고 측 변호인은 홍건적이 일어난 것은 원나라를 타도하고 한족에 의한 국가를 세우려는 데 목적이 있었다고 주장하면서, 피고가 홍건적이 된 것은 어디까지나 위장이었고, 그렇기에 북벌에 참가하지 않고 도리어 강남으로 내려가 자기의 정치적 야심을 키워 나갔다고 매도하고 있습니다. 이에 또 다른 증인의 증언을 듣고자 합니다. 증인 곽자흥을 불러 주시기 바랍니다.

판사   알겠습니다. 증인 곽자흥은 나와서 선서해 주십시오.

곽자흥   나 곽자흥은 진실만을 말할 것을 맹세합니다.

명석환 변호사   증인은 간단히 자기소개를 해 주시기 바랍니다.

곽자흥   나는 중국 안후이 성 딩위안 출신으로 원나라 말기 군웅 중의 한 사람입니다. 젊었을 때부터 의협심이 강해서 원고의 아버지 한산동이 홍건적의 난을 일으키자 그에 호응해 그 이듬해(1352)에 무리를 이끌고 안후이 성 호주(지금의 평양)에서 반기를 들었습니다.

명석환 변호사   증인은 피고와 어떤 관계입니까?

곽자흥   나는 주원장의 주군으로 누구보다 그를 잘 압니다. 내가 처음 호주에서 군사를 일으켰을 때 일입니다. 머리를 빡빡 깎은 젊은 중이 우리 근거지인 호주의 성문을 끼웃거렸습니다. 문지기가 정탐꾼이라면서 그를 붙잡아 왔지요. 내가 직접 여러 가지를 조사해 봤는데, 이게 웬일입니까? 생김새가 보통 사람과 달리 비범할 뿐 아니라 하는 말에서도 슬기와 패기가 넘쳐났지요. 그가 바로 주원장이었어요. 나는 즉시 그를 맞아들였습니다.

명석환 변호사   피고 주원장은 증인의 사위라면서요?

곽자흥   맞습니다. 부하로 들어온 주원장은 신의가 있고 용감했으며, 여러 싸움에서 공을 많이 세웠습니다. 전쟁에서의 공도 공이지만, 실은 믿음이 가고 장래성이 보였기에 그를 사위로 삼았습니다.

"주원장이 곽자흥의 사위라고?"

"아직 그것도 몰랐나?"

"결국 주원장이 출세한 것도 곽자흥의 후광 덕분이었겠군."

방청석 여기저기서 소곤거리는 소리가 났다.

명석환 변호사   그럼 친딸과 결혼시켰습니까?

곽자흥   아닙니다. 실은 나에게 양녀가 하나 있었습니다. 내 친구의 딸로, 마씨였어요. 내 친구 역시 원나라에 반기를 들고자 고향으로 돌아가면서 자신의 딸을 나에게 맡기고 갔지요. 나는 친구의 딸을 양녀로 삼아 함께 지내다가, 마침 부하로 있던 주원장이 믿을 만하고 장래가 촉망되어 결혼시킨 것이지요.

유능환 변호사   판사님! 증인은 위증하고 있습니다. 피고가 믿을 만하고 장래가 촉망되었다고 하는데, 그는 경거망동하는 데다 안하무인입니다. 그렇기에 곽자흥이 그를 죽이려 한 적도 있었습니다.

판사   원고 측 변호인의 말이 사실입니까?

곽자흥   네, 한때 그를 제거하려 한 것은 사실입니다. 하지만 그것은 부하들의 모함 때문이었어요. 주원장이 용감하고 과단성 있고 출중하다 보니 다른 부하들이 시기하여 내게 주원장이 안하무인이라고 모함한 것이었는데, 내가 그 말을 곧이듣고 그랬던 것이지요. 나중에 모함이라는 것을 알고 일이 풀렸는데, 이런 일이야 주원장이 그만큼 출중하다는 뜻이 아니겠습니까?

명석환 변호사   증인의 양녀로 있다가 피고와 결혼한 그 여인이 나중에 황후가 된 유명한 마 황후인가요?

곽자흥　　그렇습니다. 그녀는 빈곤한 가정에서 자랐기 때문에 교육을 받지 못했지만 총명하고 만사에 재치가 있었어요. 주원장을 잘 도와 결국 나라를 세우게 됩니다.

명석환 변호사　　홍건적이 북벌 운동을 전개하며 원을 타도하고 한족에 의한 국가를 세우려 했을 때 피고는 북벌 운동에 참가하지 않고 도리어 강남으로 내려가 지주·지식인들과 손잡음으로써 농민을 저버렸다고 원고는 주장하고 있습니다. 그게 사실입니까?

곽자흥　　농민을 저버렸다고요? 천만의 말씀입니다. 원고 측이 주원장을 전혀 모르고 하는 말입니다. 정치는 백성을 잘 다스리는 데 있고, 백성을 잘 다스리는 것은 백성의 생활을 안정시키고 편안하게 하는 데 있습니다. 원나라 말기에 가난한 농민들이 지주의 억압 아래서 얼마나 많은 고통을 받고 있었는지는 주원장 자신이 몸소 체험했기 때문에 누구보다 잘 압니다. 그가 어떻게 자랐는지를 안다면 결코 그렇게 얘기할 수 없을 것입니다.

명석환 변호사　　판사님, 피고를 불러 그의 어렸을 때의 상황을 들어 보았으면 합니다. 그가 어떤 사람인지 알 수 있을 것입니다.

판사　　피고는 나와서 유년 시절의 생활을 소상히 이야기하기 바랍니다.

주원장　　나는 1328년 9월 18일에 안후이 성 호주에서 가난한 농부의 아들로 태어났습니다. 우리 주씨 집안은 다른 가난한 집과 마찬가지로 밥을 먹을 때보다 굶을 때가 더 많았습니다. 그래서 어렸을 때 나는 남의 집에서 목동으로 일했어요.

걸승

모든 생업을 끊고 밥을 빌어먹으면서 수행하는 승려를 말합니다.

탁발

불교나 자이나교 등 고대 인도 종교에서 승려의 수행의 한 형태로, 승려가 신자의 집에 돌아다니면서 불경을 외워 복을 빌어주고 생활에 필요한 식량을 얻는 일을 말합니다. 수행자는 간소한 생활을 하고, 일반 사람들에게는 보시하는 복덕을 쌓게 하려는 뜻이 있었습니다.

동가숙 서가식

'밥은 동쪽 집에 가서 먹고 잠은 서쪽 집에 가서 잔다'는 뜻으로, 자기 잇속을 차리기 위하여 지조 없이 여기저기 빌붙어 사는 행태를 비유한 말입니다만, 여기에서는 정처 없이 떠돌아다니는 모습을 표현했습니다.

풍상

바람과 서리를 아울러 이르는 말로 많이 겪은 세상의 어려움과 고생을 비유적으로 이릅니다.

명석환 변호사　그 뒤 어떻게 되었습니까?

주원장　말도 마세요. 비참했지요. 우리 동네와 화이허 강 지역에 몇 달 동안 비 한 방울 내리지 않고 가뭄과 기근이 계속되었습니다. 거기에다 전염병까지 유행하여 죽어가는 사람이 속출했는데, 이때 나도 양친과 큰형을 잃고 형제들이 뿔뿔이 흩어지게 되었어요. 열일곱 살 때에는 동네 노파의 소개로 황각사라는 절에 들어갔습니다.

명석환 변호사　절에 들어가 승려가 되었으나 걸승이었다면서요?

주원장　그렇습니다. 어려운 시절인데 절이라고 끼닛거리가 넉넉했겠습니까? 나는 여기저기 돌아다니면서 시주를 받는 탁발승이 되었습니다. 사실상 비렁뱅이였던 셈이지요. 허난 성과 안후이 성 일대의 밥 빌어먹을 만한 곳을 골라 동가숙 서가식 하며 정처 없이 떠돌아다녔습니다.

명석환 변호사　유랑 생활은 얼마 동안 했습니까?

주원장　3년 동안이나 계속되었습니다. 그 과정에서 모진 풍상을 다 겪었지만, 덕분에 지형 지리는 물론이고 물산과 인정, 풍속까지 속속들이 알게 되었지요. 이때 나는 사물을 보는 시야가 넓어졌고, 여러 사람을 만나 많은 것을 배웠으며, 체력도 강해졌어요. 이때 쌓은 경험과 지식은 나중에 큰 교훈이 되었습니다.

명석환 변호사　홍건적에는 어떻게 들어갔습니까?

곽자흥　그것은 제가 잘 압니다. 그 무렵 주원장은 황각사로 돌아와 독경과 독서를 하며 지내고 있었어요. 원나라 조정에선 군대를 각처에 파견해 반란군을 진압했는데, 이때 황각사도 원나라 군대가 지른 불로 잿더미가 되었습니다. 이런 일까지 있자 원한이 쌓여 있

구척장신

아홉 자나 되는 큰 키라는 뜻으로, 키가 아주 큰 사람 또는 그 키를 매우 과장해 이르는 말입니다. 반대말로 삼척동자, 오척단신이라는 말이 있습니다.

난세

전쟁이나 무질서한 정치 따위로 어지러워 살기 힘든 세상을 가리킵니다.

시류

그 시대의 풍조나 경향을 가리키며 '시대 흐름'으로 바꿔 쓸 수 있습니다.

던 주원장은 원나라를 반대하는 길을 택하게 됩니다. 바로 나를 찾아와 홍건적이 된 것이지요. 그의 나이 스물한 살로, 꿈과 야망을 가진 **구척장신**의 건장한 청년이었습니다.

유능환 변호사　증인의 말을 들어 봤는데, 피고가 나와 있으니 본인의 말을 직접 듣고 싶습니다.

판사　그러지요. 피고는 어떻게 해서 홍건적이 되었습니까?

주원장　판사님, **난세**란 특별한 절망과 함께 특별한 희망도 주는 법입니다. 백련교도를 주축으로 한 '홍건적'이 봉기하고, 양쯔 강 일대가 이들의 세력권이 되면서 사람들 사이에 "망할 놈의 세상 한번 뒤집어 보자"는 목소리가 높아졌는데, 나도 이런 **시류**에 동참해 안후이 성 호주에서 봉기한 곽자흥의 부대로 들어갔습니다.

명석환 변호사　증인은 피고를 특별히 아끼고 총애했다는데 특별한 계기가 있습니까?

곽자흥　그렇습니다. 별 볼 일 없는 탁발승인 줄만 알았는데, 그는 숨은 재주가 많았습니다. 싸움에 용감하고 맡은 일을 야무지게 처리할 뿐 아니라 지혜도 갖추었기에 다른 부하보다 특별히 아꼈지요. 그래서 양녀인 마씨 처녀와 결혼도 시켰고요.

명석환 변호사　증인이 죽은 후 피고는 증인의 아들을 명목상 받들면서도 실질적인 대장 노릇을 했다면서요?

곽자흥　주원장은 우리 부대의 실질적인 리더였고, 송나라 황실의 후예라 자처하던 소명왕으로부터 부원수의 직함을 받기도 했습니다.

명석환 변호사　　그러니 피고는 홍건적으로서 소명왕으로부터 일정한 권위와 대의명분을 확보한 셈이군요.

곽자흥　　그렇습니다. 그러나 주원장은 당초부터 이민족이니까 원나라를 타도해야 한다고 보지는 않았습니다. 홍건적은 이민족 왕조인 원조에 대한 민족적 저항과 아울러 지주 권력에 대한 농민들의 저항도 함께 벌이고 있었는데, 주원장은 농민들을 살리는 문제를 더 중요하게 여겼습니다.

유능환 변호사　　어? 그럼 민족의 해방을 반대했다는 것 아닙니까?

　　유능환 변호사가 증인의 증언을 믿지 못하겠다는 듯이 벌떡 일어나 큰 소리를 질렀다.

명석환 변호사　　어이쿠, 깜짝이야! 유능환 변호사 목청은 알아줘야 한다니까. 왜 이렇게 큰 소리를 지릅니까?

판사　　원고 측 변호인은 진정하세요. 증인은 증언을 계속해 주시고요.

곽자흥　　그게 아닙니다. 서두르지 말고 들어 보세요. 원나라는 송나라를 멸망시키고 중국의 주인이 되었습니다. 그리고 주변의 여러 지역을 공격해 유라시아에 걸친 대제국을 건설했습니다. 그 결과 원에 복속된 나라들이 많았는데, 이것이 어찌 인간의 힘이라 하겠습니까? 그것은 실로 천명에 의한 것입니다.

유능환 변호사   천명? 제기랄, 천명은 무슨……. 홍건적을 배반한 놈이 헛소리를 하는군. 판사님, 피고 측은 원나라가 무력으로 송나라를 멸망시킨 게 하늘의 뜻이었다고 억지를 부리며 자기 정당화하고 있습니다.

명석환 변호사   판사님, 이에 대해 피고의 진술을 들어 보았으면 합니다.

판사 좋습니다. 피고의 생각은 어떠합니까?

주원장 원나라는 본디 몽골 고원의 초원과 삭막한 사막 지역에 세워졌으나 조종(祖宗)에 덕이 있어서 중국에 들어와 백성을 다스리게 되었는데 이는 천명에 의한 것입니다. 칭기즈 칸이 나라를 세운 것, 쿠빌라이 칸이 남송을 멸하고 중국의 주인이 된 것, 이 모두가 그들의 힘이 강해서가 아니라 '천명', 곧 하늘의 명령에 의한 일이었지요.

유능환 변호사 그럼 한족을 억압한 저 포악한 원나라를 인정했다는 말인가요?

주원장 아닙니다. 들어 보세요.

유능환 변호사 판사님, 피고는 지금 한족의 민족 운동을 '천명'으로 덮으려는 터무니없는 논리를 펴고 있습니다.

명석환 변호사 끝까지 피고의 말을 들어 보세요.

주원장 원나라 마지막 황제였던 순제는 사치하고 백성을 돌보지 않았습니다. 천하를 돌보지 않고 백성을 사랑하는 마음도 전혀 없었지요. 그는 이미 천자로서의 덕을 잃었기에 천명이 그에게서 떠나간 것입니다.

명석환 변호사 '민심이 천심'이라더니…….

주원장 맞습니다. 원나라의 황제가 덕을 잃고 백성을 도탄에 빠뜨리니 하늘이 그를 버리고 있었지요. '민심이 천심'이라는 말과 같이 천명을 어긴 원나라는 타도되어야 마땅했습니다. 단순히 이민족

조종
시조가 되는 조상을 말하며 여기서는 칭기즈 칸을 이릅니다.

칭기즈 칸
몽골 제국을 세운 초대 왕(1167 ~1227)으로 본명은 테무친입니다. 몽골 족을 통일하고 이 칭호를 받아 몽골 제국의 칸이 되었으며, 1206~1227년까지 통치하였습니다.

화이사상

중국의 한족이 예로부터 스스로 '중화(中華)'라 하며 세계의 중심으로 생각하고, 다른 주변 민족을 '이적(오랑캐)'이라 하며 멸시하고 천대하던 중국 중심의 우월 사상을 말합니다.

역성혁명

왕조의 교체 이론을 설명하는 중국의 정치 학설 중의 하나입니다. 중국에는 옛날부터 군주는 천명을 받아 나라를 다스린다는 사상이 있는데, 맹자는 천명은 민의를 반영한 것이니 민의를 떠난 군주를 다른 덕 있는 자가 무력으로써 무너뜨리고 군주가 되는 것은 마땅하다면서 '혁명'을 인정했습니다. 이와 같이 천명의 변경, 즉 '혁명'에 의해서 군주가 교체되어 왕조의 성(姓)이 바뀌는 것을 '역성혁명'이라 합니다.

토호

어느 한 지방에서 오랫동안 살면서 양반 행세를 할 만큼 세력이 있는 사람을 가리킵니다.

이니까 타도되어야 한다는 편협한 화이사상(華夷思想)을 떨쳐 버려야 합니다.

유능환 변호사   피고는 교묘한 말장난을 하고 있군요! '민심이 천심'이라고요? 이것은 역성혁명(易姓革命)의 정당성을 주장하기 위해 맹자가 사용한 이래로 정치인들이 제멋대로 자주 사용하는 말입니다. 판사님과 배심원 여러분께서는 참고해 주시기 바랍니다.

명석환 변호사   그렇게 말씀하시니 기가 막히는군요. 홍건적이 일어난 것도 하늘의 뜻입니다. 농민을 괴롭히는 세력은 제거되어야 했지요.

유능환 변호사   그럼 송나라의 재건을 부르짖으며 반원 운동을 벌인 홍건적은 무엇이란 말이오?

명석환 변호사   물론 홍건적은 불의에 항거한 농민 집단입니다. 피고, 어떻습니까?

주원장   그래서 홍건적이 지나갈 때 농민들은 다투어 거기에 호응했습니다. 이는 홍건적이 몽골에 대항했을 뿐 아니라 농민에 대한 토호 지주들의 억압을 해결해 주었기 때문이었습니다. 토호나 지주에게 불만을 품고 있던 농민들이 홍건적에 동조했지요.

명석환 변호사   그래서 원나라 지배층이 홍건적에 가담한 사람들을 탄압했군요.

주원장   그렇습니다. 홍건적에 합세한 농민이나 벼슬한 사람들을 잡아 장터에서 찢어 죽이는 일까지 있었습니다.

명석환 변호사 원고와 유복통이 이끈 홍건적은 북상하는 동안 본래의 순수한 목적과 취지가 흐려졌다면서요?

주원장 대송 정권의 권위가 약해지면서 홍건적들은 점령지에서 백성들의 재산을 빼앗고 약탈하는 등 군사 규율이 흐트러졌지요. 당시 사회에서 중요했던 건 원나라 타도가 아니라 먼저 백성들의 생활을 회복시키는 일이었습니다.

유능환 변호사 그럼 피고는 원나라를 타도할 생각이 없었다는 겁니까? 홍건적의 탈을 쓰고서 민족을 저버린 배반자가 아니오? 그래서 피고가 계획적으로 원나라 조정과 내통하고 전에 포로로 잡은 관군도 원나라 황실에 돌려보낸 것이었군요. 비겁한 사람, 우리 농민군을 이용하여 자신이 왕이 되려고 하다니. 모든 것이 계획적이었어!

명석환 변호사 피고를 몰아붙이지 마십시오. 피고는 하늘이 덕 있는 사람을 천자로 삼아 만민을 다스리게 한다는 천명사상(天命思想)을 굳게 믿으며 억압받는 농민들을 위해 일생을 바친 사람입니다.

주원장 나를 반민족주의자라든지 농민을 저버린 배반자라고 하면 너무 억울합니다. 강남의 지주·지식인들의 협력을 받아 각지의 군웅을 굴복시키고 명나라를 세운 것은 사실이나 이것도 농민을 살리기 위한 수단이었습니다. 나는 원나라 말 동란기부터 농민 생활의 안정에 힘을 기울였어요. ▶나라를 세운 후에는 전국의 농촌에 이갑

천명사상
하늘은 항상 덕 있는 자를 천자로 명하여 만민을 다스리게 한다는 중국의 정치·윤리 사상으로, 천자(임금)가 덕을 잃으면 천명이 다른 덕 있는 사람에게 옮겨 가 새로운 왕조가 시작된다고 했습니다. 이것은 중국 특유의 성왕(聖王)의 관념을 낳았고, 동시에 혁명을 합리화하는 사고로 발전했습니다.

동란기
폭동, 반란, 전쟁 따위가 일어나 사회가 질서를 잃고 소란해지는 시기를 말합니다.

제라는 촌락 자치제를 실시하고 부역황책과 어린도책을 만들어 세금 징수를 공평히 함으로써 농민 생활을 안정시키고 농촌의 생산력을 회복시켰습니다.

피고가 진술하는 동안 내내 조용하던 방청객들이 수군거리기 시작했다.

"원나라 말기에 홍건적이 일어난 것은 한족의 민족주의 운동이라고 알고 있는데……."

"아니야. 가난한 농민들을 살리기 위한 것이었지."

"무슨 소리야? 주원장은 시종 비열한 속임수를 썼잖아?"

"그래도 한족을 살린 사람 아닌가!"

판사   홍건적의 난이 일어난 까닭을 소상히 살펴보는 동안 시간이 많이 흘렀는데요. 오늘 재판에서 원고 측은 홍건적의 난이 이민족을 타도하고 한족의 나라를 재건하기 위한 것이었다고 증언한 반면, 피고 측은 농민들의 고통을 물리치기 위한 것이었다고 주장했습니다. 다음 재판에서는 피고 등의 행적을 살피면서 그 진정한 의도를 알아보기로 하겠습니다.

땅, 땅, 땅!

교과서에는

▶ 이갑제는 부역을 부담하는 110호로 1리를 편성하되, 그중 부유한 10호를 이장호, 나머지를 갑수호로 해서 이를 10호씩 10갑으로 나눈 것입니다. 또한 부역황책은 호적 및 세금 징수 대장을 말하고 어린도책은 토지 대장을 가리키지요.

원나라 멸망의 사회·경제적 배경

원나라(1206~1368)는 몽골 사막 지대에서 일어나 강력한 무력을 앞세워 유럽과 아시아의 영토를 정복함으로써 역사상 유례없는 대제국이 되었습니다. 몽골 제국은 160여 년간 정복 왕조로 군림하면서 동서 문화 교류에 크게 기여했습니다. 그러나 세조 쿠빌라이 칸이 1271년에 국호를 '원'이라고 칭한 후 100년도 채 되지 않아 멸망하고 말았으니 비교적 단명하게 끝나고 만 셈이지요. 그 원인은 어디에 있을까요? 요약하면 다음과 같습니다.

① 몽골 지상주의로 인한 한족의 억압과 중국 문화 말살 정책

② 왕위 계승을 둘러싼 내분과 황실의 불안정

③ 관료들의 사치와 부패로 인한 정국 불안

④ 계속된 정복 전쟁, 라마교 승려들의 횡포로 인한 막대한 국가 재정의 소모

⑤ 중세 부과와 교초 남발로 인한 농민 생활의 궁핍화

⑥ 가뭄, 홍수 등 빈번한 자연재해

이러한 이유로 원나라 말기에 농민 반란이 일어났으며, 그중에서도 홍건적의 난은 원나라의 지배력을 결정적으로 약화시켰습니다. 이어 1368년에 홍건적 출신의 주원장이 강남 지주·지식인들의 협력을 받아 명나라를 세웠고 동시에 원나라를 몽골 지방으로 쫓아냈습니다. 몽골 지방에서 유지되었던 나라를 북원이라고 합니다.

다알지 기자

안녕하십니까? 역사공화국 안팎의 소식을 빠르고 정확하게 전해 드리는 역사공화국 법정 뉴스의 다알지 기자입니다.

오늘은 원나라 말기 한림아 대 주원장의 재판 첫째 날로 원고의 아버지 한산동이 증인으로 나왔습니다. 원고 한림아와 한산동은 원나라 말기에 홍건적이 일어난 것은 원나라를 타도하고 한족에 의한 국가를 세우려는 것이었다고 주장했지요. 한편 피고 측은 원나라 말 동란기의 혼란 수습과 농민들의 가난을 해결하는 것이 더욱 시급한 문제였다고 하여 홍건적 세력 간에 공방전이 벌어졌습니다. 정말 대단한 재판이었지요.

지금 양측 변호사가 법정을 나서고 있군요. 두 변호사를 만나 보겠습니다. 유능환 변호사님! 피고 주원장이 농민을 기만하고 비열한 방법으로 황제가 되었다고 주장하시는데, 그럴 만한 근거가 있습니까?

유능환 변호사

물론입니다. 역대 창업 군주 가운데 그처럼
야비한 수단으로 황제가 된 사람은 찾아볼 수
가 없습니다. 홍건적이 분연히 일어난 것은 원나라
를 타도하고 한족에 의한 국가를 세우자는 것이었는데, 피고는 홍건적
봉기의 목적과 취지를 완전히 벗어났지요. 피고는 원나라를 타도하기
위한 북벌에는 참여하지 않고 도리어 강남 지역으로 내려가 농민을 착
취하던 지주들과 손잡고 자기 세력을 키워 나갔으니, 참으로 악랄하고
비열하기 그지없습니다. 그는 농민을 배반한 자입니다. 또한 그의 안
중에 있는 건 민족이 아니라 자신의 정치권력이었습니다. 그가 민족주
의자라는 것은 새빨간 거짓말입니다.

지금 우리 원고 측은 피고가 비열한 방법으로 홍건적에서 이탈해
자기 세력을 키우기에 급급했던 행적에 대해 전문가의 자문을 받으며
밤새워 준비하고 있습니다. 다음 재판에서 충실한 변론으로 피고 측을
압도하도록 하겠습니다.

왜 주원장은 명나라를 세웠을까?

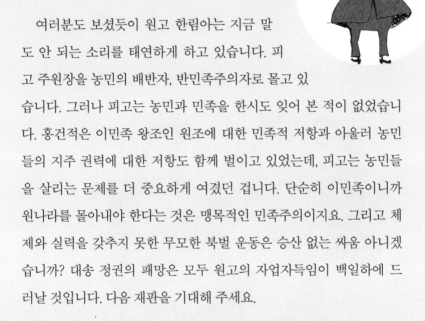

명석환 변호사

여러분도 보셨듯이 원고 한림아는 지금 말도 안 되는 소리를 태연하게 하고 있습니다. 피고 주원장을 농민의 배반자, 반민족주의자로 몰고 있습니다. 그러나 피고는 농민과 민족을 한시도 잊어 본 적이 없었습니다. 홍건적은 이민족 왕조인 원조에 대한 민족적 저항과 아울러 농민들의 지주 권력에 대한 저항도 함께 벌이고 있었는데, 피고는 농민들을 살리는 문제를 더 중요하게 여겼던 겁니다. 단순히 이민족이니까 원나라를 몰아내야 한다는 것은 맹목적인 민족주의이지요. 그리고 체제와 실력을 갖추지 못한 무모한 북벌 운동은 승산 없는 싸움 아니겠습니까? 대송 정권의 패망은 모두 원고의 자업자득임이 백일하에 드러날 것입니다. 다음 재판을 기대해 주세요.

주원장은 왜 강남 지방으로 진출했을까?

1. 지배자의 꿈을 이루기 위해서 필요한 것은 무엇이었을까?
2. 주원장은 어떻게 농민들의 생활을 안정시켰을까?

교과 연계

역사
IX. 교류의 확대와 전통 사회의 발전
　1. 동아시아 전통 사회의 발전
　　-유교 문화가 다시 일어난 명

지배자의 꿈을 이루기 위해서
필요한 것은 무엇이었을까?

판사 　지난 재판에서는 홍건적이 일어난 목적이 무엇이었는지 살펴보았습니다. 원고 측은 원나라 타도와 한족에 의한 국가 건설이 홍건적이 일어난 목적이었다고 주장하면서, 북벌 운동에 참가하지 않고 도리어 강남으로 내려가 지주·지식인과 손을 잡은 피고에 대해 홍건적을 버린 배신자라고 진술했습니다. 오늘 재판에서는 이 문제를 집중적으로 다루겠습니다. 원고 측 변호인, 먼저 시작해 주세요.

유능환 변호사 　존경하는 판사님, 그리고 배심원 여러분, 이 소송은 피고가 소명왕의 지시에 따르지 않고 도리어 홍건적을 버리고 강남으로 내려가 지주·지식인과 손을 잡은 배신자라는 점을 밝히려는 것이 목적입니다. 당시 원고의 지휘 아래서 북벌 운동에 참가했던 관 선생을 증인으로 불러 주시기 바랍니다.

판사   증인 관 선생은 증인석으로 나오세요.

관 선생이 증인 선서를 한 후 간략하게 자기소개를 했다.

관 선생   나는 홍건적 장수로 대송국의 소명왕 한림아와 승상 유복통의 휘하에서 북벌 운동에 참가했습니다. 나중에는 만주 지방의 요양 행성의 최고 지배자가 되었으며, 고려 공민왕 때 20만 대군을 이끌고 개경에 침입했던 홍건적의 대장이기도 하지요.

판사   증인은 관 선생이라 불리는데, 성이 관씨이고 이름은 선생입니까?

관 선생   아닙니다. 내 이름은 관탁입니다. 홍건적 장수로서 내가 부하들이나 다른 사람들에게 뭘 잘 가르쳐 주다 보니 사람들이 내게 학식과 덕망이 있다면서 '관 선생, 관 선생' 하며 존대했지요. 그 호칭이 싫지 않았습니다. 그리고 또 다른 이유도 있어요. 당시 원나라 군에 잡혀 신분이 밝혀지면 가족까지 처벌될 터이니, 홍건적 사람들은 대개 본명을 쓰지 않고 가명이나 별명을 썼어요. 그러다 보니 관 선생이 이름으로 굳어진 것이지요.

유능환 변호사   증인은 원고와 어떤 관계입니까?

관 선생   나는 일찍이 뜻을 품고 홍건적에 들어와 소명왕을 주군으로 모시고 초기부터 북벌 운동에 참여했습니다. 소명왕은 나에게 북벌의 주력 부대를 맡겼지요.

상도

서양 사람들은 '제나두(Xanadu)'라고 더 많이 부릅니다. 상도는 중국 말로 상두(Shangdu)인데, 마르코 폴로는 이것을 'Xanadu'로 쓴 것이지요. 마르코 폴로는 『동방견문록』에서 제나두의 화려함을 묘사했으나, 당시 유럽 사람들이 이를 과장이라 여기면서 '제나두'는 '도원경', '낙원', '파라다이스' 등 비현실적인 이상향을 가리키는 말이 되었습니다.

유능환 변호사　　홍건적은 언제 북벌 작전을 시작했습니까?

관 선생　　소명왕은 대송국을 세운 후 바로 원나라의 수도를 함락해 원나라를 멸망시킬 계획을 세웠습니다. 1357년 여름에 홍건적을 동로군, 중로군, 서로군의 세 무리로 나누어 동시에 북상해서 원나라의 수도인 대도, 오늘날의 베이징을 포위하기로 했지요. 나는 중로군을 이끌고 북상했습니다.

유능환 변호사　　증인이 이끈 중로군이 북벌군의 주력 부대였나요?

관 선생　　그렇습니다.

유능환 변호사　　성과는 어떠했습니까?

관 선생　　서로군은 승승장구하여 1358년 5월에 카이펑을 점령하여 그곳을 대송국의 수도로 삼았고요, 내가 이끈 중로군은 1358년 4월에 따퉁을 점령하고, 이어 내몽골 지방의 **상도**를 점령해 궁전을 불태움으로써 원나라를 크게 위협했습니다.

유능환 변호사　　상도라면 원나라 황실의 여름 수도가 아닙니까?

관 선생　　그렇습니다. 그곳은 원나라 제3대 쿠빌라이 칸의 여름 궁전이 있는 곳으로, 원나라 황제가 평소에는 대도에서 정사를 보고 여름에는 상도로 옮겨 와 나랏일을 보았습니다. 황제 일행은 여름에 이곳에서 정사를 보다가 추분이 되면 다시 대도로 돌아갔지요.

유능환 변호사　　마르코 폴로의 『동방견문록』에도 나오지요?

관 선생　　역시 해박하십니다. 그렇습니다. 마르코 폴로가 『동방견

문록』에서 상도를 매우 아름다운 도시로 묘사하여
서양인들이 큰 관심을 보였지요. 마르코 폴로는 이
곳을 거대한 제국 황제가 건설한 지상 낙원으로 표
현하기도 했습니다.

마르코 폴로의 『동방견문록』

유능환 변호사　지상 낙원이오? 얼마나 아름답기
에……?

관 선생　『동방견문록』에 따르면, 상도 주변에는
인공 호수와 구불구불 흐르는 시냇물을 내어 아름
답게 꾸몄답니다. 이 정원에는 많은 향나무들이 꽃
피어 있고 수백 마리 동물과 해동청이 노닐었으며,
황제는 이 정원에서 자유롭게 사냥하며 즐겼다고
합니다. 내성 안의 벽은 금으로 칠을 해서 화려하기
가 이를 데 없었다고 하고요, 궁궐 건물은 대나무로 지어져 떠날 때
건물을 해체하기가 쉬웠다고 전해집니다. 왕이 살던 궁전에는 수천
명이 들어갈 수 있는 장막과 부속 건물들이 있었고요. 황량한 초원에
세워진 상도는 곧 서양에서 '지상 낙원' 또는 '천국'의 대명사로 널리
불렸고 지금도 이상향의 상징으로 통하고 있지요.

유능환 변호사　그런 아름다운 궁궐을 증인이 이끈 홍건적이 침입
하여 불살랐다는 건가요?

관 선생　그때는 우리를 억압하는 몽골 족을 몰아내는 데에만 골
몰해 아깝다는 생각을 못했어요. 지금 생각하면 아쉽기만 합니다.
당시의 궁성이 홍건적의 침입으로 모두 사라졌는데, 지금은 복원되

지구전
승부를 빨리 내지 않고 오랫동
안 끌어 가며 싸우는 전쟁이나
시합을 말합니다.

어 현재 유네스코 세계 문화 유산으로 등재되어 있다니 다
행입니다.

유능환 변호사　홍건적은 그 후 어디로 진출했습니까?

관 선생　상도를 불사른 후에 오늘날의 랴오닝 성에 있
는 랴오양을 점령하고 우회하여 대도를 포위했지요.

유능환 변호사　그렇다면 원나라의 멸망이 눈앞에 온 것 아닙니까?

관 선생　그렇지요. 대도 함락을 눈앞에 두고 있었는데, 원나라 군
대가 총력전을 펴 지구전에 들어갔습니다. 당시 난 요양 행성의 총
책임자로 홍건적을 통솔하고 있었는데, 원나라군의 반격이 강해 참
으로 난감했습니다. 결국 원나라군에 쫓겨 한반도로 도망가게 되었
어요.

"이 홍건적들이 고려를 침략한 거야?"

"공민왕 때 두 번이나 침략했다는데."

"그때 고려 수도 개경이 함락되고 공민왕은 안동까지 피난 갔다
잖아."

방청석이 소란스러워졌다.

판사　조용히들 하세요. 원고 측 변호인은 신문을 계속하세요.

유능환 변호사　왜 남의 나라를 침공했습니까?

관 선생　원나라군의 반격으로 퇴로가 막혔기에, 홍건적은 살아남
기 위해 어쩔 수 없이 압록강을 건넌 것이지요.

나는 고려 말기인 1351~1374년에 재위했소. 여러 개혁을 추진했지만, 북에서는 홍건적이 남에서는 왜구가 습격해 와 무척 힘든 시기를 보내야 했지요.

유능환 변호사   고려 공민왕 때였습니까?

판 선생   그렇습니다. 공민왕 8년(1359)에 모거경이 4만여 홍건적을 이끌고 압록강을 건너 고려를 침공했지요. 의주, 정주, 인주, 철주 등을 차례로 함락하고 이어 서경인 평양을 점령했습니다. 그러나 고려의 이방실, 안우 등의 반격으로 홍건적은 거의 다 전멸하고 돌아온 사람은 몇백 명에 불과했어요.

유능환 변호사   증인도 홍건적을 이끌고 고려에 침입한 것으로 알고 있는데요.

일거

한 번 움직이는 것 또는 한 번 일을 벌이는 것을 말합니다.

관 선생   기억하고 싶지 않은데……. 제2차 고려 침공 때였지요. 공민왕 10년(1361)에 식량을 얻기 위해 파두반과 함께 홍건적 20만 명을 이끌고 얼어 있는 압록강을 건너 한반도를 침략했지요.

"20만 명? 그렇게 많은 홍건적이 고려에 쳐들어왔어?"

"그러게 말이야."

"홍건적이 대단했군. 원나라도 골치 아팠겠는데."

"그래서 원나라가 망한 거지."

"고려도 타격이 심했다잖나."

방청객들이 다시 웅성거리기 시작했다.

판사   조용히들 하세요. 증인은 계속 증언해 주세요.

관 선생   20만의 홍건적이 일거에 개경을 함락하자, 공민왕은 수도를 버리고 남쪽 안동으로 피난하는 등 고려는 위기에 처했습니다. 홍건적은 수개월 동안 물자를 약탈하며 개경에 머물렀지요. 그러나 정세운, 안우, 이방실, 김득배, 최영, 이성계 등이 고려 군대를 이끌고 반격해 오는 바람에 홍건적은 거의 궤멸되다시피 했어요.

유능환 변호사   결국 홍건적의 난이 평정되었군요.

관 선생   이 개경 전투에서 홍건적 지도자들이 대부분 전사했는데 나도 그중의 한 사람이지요. 나로서는 아픈 기억입니다. 훗날 들은 얘기인데, 홍건적의 침입으로 고려의 정치가 어렵게 되었고 더불어 최영, 이성계 등의 세력이 강화되었다고 합니다.

유능환 변호사　　그때 피고는 북진하지 않고 남쪽으로 내려갔다면서요. 증인은 그 내막을 알고 있습니까? 간략히 말씀해 주시지요.

관 선생　　당시 주원장은 커다란 야심을 가지고 있었습니다. 주군 곽자흥이 죽은 후 곽자흥 부대의 실권을 쥐고 있었는데, 다른 홍건

적은 북벌에 참여했지만 주원장은 원나라군과의 대결을 피해 도리어 남쪽으로 내려갔습니다.

유능환 변호사 남쪽이라면, 강남 지방 말입니까?

관 선생 그렇습니다. 양쯔 강 하류 강남 지방은 송나라 때부터 경제 중심지로서 크게 번성했지요. 빈농 출신인 주원장은 강남의 풍요와 부에 마음을 빼앗긴 나머지 홍건적을 버리고 지주들과 함께 지배권의 재편성을 꾀했던 것이지요. 그는 자기의 정치적 야심을 이루려고 그곳에서 농민들을 억압하고 있는 지주들과 손잡았던 것입니다.

유능환 변호사 홍건적이 북상할 때 홀로 강남으로 갔다면, 피고는 대송 정권에서 벗어나 있었습니까?

관 선생 아닙니다. 곽자흥이 죽은 후 명실공히 곽자흥군의 총수가 된 주원장은 대송 정권하에서 소명왕의 지시를 받고 있었습니다. 그렇지만 겉으로는 지시를 받는 척하면서 실제로는 속셈을 달리하고 있었던 것입니다. 그 부분이 주원장의 기만성이지요. 겉으로는 홍건적의 우산 아래서 원나라 타도를 부르짖으면서 실제로는 정치적 야심을 실천하고 있었어요.

유능환 변호사 북벌을 완수해 한족에 의한 국가를 실현하려 애썼던 원고와 증인으로선 마음이 아팠겠군요.

관 선생 당연하지요. 북방에서는 홍건적이 원나라 군대와 결사적으로 싸우고 있는데, 남방에서는 홍건적인 주원장과 진우량, 그리고 홍건적에 속하지 않던 장사성, 방국진, 진우정 등이 제각기 한 지방씩 차지하고 왕을 자칭하면서 여러 해 동안 서로 싸우고 있으니 참

왜 주원장은 명나라를 세웠을까?

으로 한심스러웠지요. 모두들 일치단결하여 원나라를 넘어뜨려야 할 텐데 말입니다.

유능환 변호사 피고는 이때 백련교를 부정하고 홍건적의 색깔도 지우려 했다는데 사실입니까?

관 선생 그 부분은 말하고 싶지 않지만 증인 선서를 했기 때문에 말씀드립니다. 그는 백련교를 매도하여 '요언', '요술'이라 했고 홍건적을 '요적'이라 하여 비난했습니다. 권력에 눈이 어두워 지주·지식인들과 손잡고자 민간 종교인 백련교를 완전히 저버린 것이지요. 겉으로는 소명왕을 왕으로 모시는 척하면서 다른 꿍꿍이속을 가지고 있었어요. 그는 홍건적이라는 이름을 떼내고 강남 지주들과 손잡고 세력을 키워서 천하를 거머쥐려는 야심에 불타고 있었습니다.

유능환 변호사 천하를 차지하려는 야심을 가졌다고요? 빈농 출신 주제에…….

관 선생 그러게 말입니다. 빈농 출신 주제에 욕심이 많았습니다. 자신의 지지 기반과 세력이 약한 피고는 정치적 야욕을 가지고 자기 권력을 강화하기 위하여 남쪽으로 내려갔습니다. 강남의 풍부한 경제력과 농민을 억압하는 지주 세력을 등에 업고 정치 세력을 키워 나가기 위해서였지요.

유능환 변호사 피고가 주요 거점으로 삼은 곳은 어디입니까?

관 선생 주원장은 옛날부터 강남의 중심지였던 난징을 목표로 양쯔 강을 건넜습니다. 난징을 함락한 후에는 저장 성의 진화, 구주까

요언
인심을 혼란하게 만드는 요사스러운 말을 의미합니다.

요술
초자연적 능력으로 괴이한 일을 행하는 술법을 말합니다.

요적
괴이한 도둑이나 반역자를 의미합니다.

지 차지했지요. 사실 주원장이 원나라와 싸운 것은 이것이 전부입니다. 이후 그는 남방에서 서수휘, 나중에는 서수휘의 부하 진우량, 방국진, 장사성과 싸웠습니다.

유능환 변호사　　존경하는 판사님, 그리고 배심원 여러분! 증인의 말대로 원고와 유복통의 홍건적이 북진하여 그토록 바라던 원나라의 멸망이 눈앞에 다가오고 있을 때, 피고는 도리어 남쪽으로 내려감으로써 홍건적의 세력을 분산시키고 말았습니다. 또한 피고는 원나라 군과의 충돌은 피하면서 다른 한인들과 싸워 천하를 차지했습니다. 결국 피고는 원나라와 싸운 것이 아니라 한인 군웅들과 싸워 그들을 무너뜨리고 나라를 세웠으니 민족 반역자입니다. 사회 변혁을 요구하는 홍건적의 목적과 취지를 저버린 배반자요, 기만자입니다.

　유능환 변호사의 변론이 끝나자 방청석이 떠들썩해졌다.

　"주원장은 야심을 가졌던 게 확실해!"

　"그러게 말이야. 강남 지방의 지주들과 손잡고 나라를 차지하려는 꿍꿍이속을 가지고 있었군."

　"빈농 출신 주제에……."

　"한나라를 세운 유방도 빈농 출신이잖아."

　웅성거리는 법정을 가로지르며 명석환 변호사가 잽싸게 피고석으로 걸어 나왔다.

2

주원장은 어떻게 농민들의 생활을 안정시켰을까?

떠들썩한 와중에 명석환 변호사가 증인을 신청했다.

명석환 변호사   판사님! 원고 측에서는 피고를 농민을 저버린 배반자, 기만자라고 마구 몰아붙이고 있습니다. 다른 홍건적이 북진하는데 피고만 강남으로 내려갔기 때문에 결국 북벌이 실패한 것처럼 변론하고 있는데, 그것은 상황을 잘 모르고 하는 이야기일 뿐입니다. 판사님, 증인 유기를 불러 주십시오.

유기가 나와 증인 선서를 한 후 자기소개를 했다.

유기   나는 저장 성 칭톈 출신으로 자는 백온이고 시호는 문성입니다. 나는 어려서부터 배우기를 무척 좋아하여 유가 경전과 역사서, 병법서를 많이 읽었으며, 그 결과 일찍이 원나라에서 지방 벼슬을 했습니다. 원나라 말기에 관직을 버리고 고향으로 내려와 숨어 살다가, 1360년 내 나이 50에 주원장의 초빙을 받아서 그의 참모가 되어 중국 통일에 힘을 다했습니다. 그 결과 명나라 개국 공신 중 한 사람이 되었지요.

명석환 변호사 사람들은 증인을 원 말, 명 초의 탁월한 군사 전략가로 부르던데요.

유기 그렇습니다. 사실 난 군사 전략만이 아니라 정치, 검찰 행정, 역법, 문학, 철학에도 일가견이 있습니다.

명석환 변호사 증인은 중국 역사상 가장 뛰어난 책사 중 한 사람으로, 세간에서는 "천하를 3등분한 것은 제갈량이요, 강산을 하나로 통일한 것은 유기다" 하면서 증인의 능력을 높이 평가하더군요. 피고도 증인을 늘 "나의 자방"이라고 불렀다고 들었고요. 증인은 피고가 평생 존경하고 예우했던 일등 참모라고 하던데, 사실입니까?

유기 과찬이십니다. 역사상 위대한 제왕들은 자신의 능력도 능력이지만 그 옆에 보필하는 뛰어난 책사나 장수가 있게 마련이었지요. 주의 문왕과 무왕에게는 강태공으로 알려진 태공망 여상이 있었고, 춘추 전국 시대 제의 환공에게는 관중이 있었으며, 한고조 유방에게는 장자방, 유비에게는 제갈량, 당태종에게는 위징 등 뛰어난 전략

시호
중국과 우리나라의 옛 조상들은 이름을 매우 소중히 여겨 이름 대신 '자'를 만들어 불렀습니다. 이름이나 자 외에 허물없이 쓰기 위해 지은 이름이 '호'로 학자, 문인, 서화가들이 많이 사용했습니다. '시호'는 왕이나 재상, 공이 있는 관료가 죽은 뒤에 왕이 그의 공적을 칭송하여 내린 것입니다.

제갈량
중국 삼국 시대 촉한의 뛰어난 정치가이자 군사 전략가로 유비를 도와 촉한을 세웠습니다. 자가 '공명'이므로 '제갈공명'이라고도 불립니다.

자방
자방은 한나라의 정치가인 장량의 '자'이며, 장량은 소하, 한신과 함께 유방을 도와 한나라를 세운 건국 공신입니다.

관중
중국 춘추 시대에 환공을 도와 제나라를 세우는 데 큰 공을 세웠으며, 춘추 시대뿐 아니라 중국 역사를 통틀어 손꼽히는 유명한 재상입니다.

위징
당나라 제2대 황제 태종 대의 뛰어난 재상으로, 그의 도움으로 태종의 선정이 이루어졌다고 합니다.

양잠
누에를 키워 고치를 생산하는 일을 가리킵니다.

가나 참모가 있었습니다.

명석환 변호사　증인이 피고에게 그런 역할을 했군요.

유기　나는 주원장을 만난 뒤 원나라를 타도하고 천하를 차지할 만한 새로운 전술 전략이 무엇인지를 늘 생각하고 건의했는데, 그래서인지 사람들은 나를 가리켜 주원장이 평생 존경하고 예우하던 제일의 문인 참모라고 말하곤 합니다.

명석환 변호사　증인이 피고를 섬기게 된 특별한 이유가 있습니까?

유기　난 원나라에서 벼슬을 하다가 염증을 느끼고 약 20년 동안 낙향해 있었습니다. 그런데 주원장은 다른 홍건적과는 전혀 달랐습니다. 그래서 그를 도왔던 것이지요.

명석환 변호사　다른 홍건적과 다른 점이 무엇입니까?

유기　한림아 등이 이끄는 홍건적들은 어떤 지역을 점령하면 약탈과 만행을 저지르기 일쑤였습니다. 그런데 주원장은 달랐습니다. 그가 점령지에서 공자 묘를 찾아가 참배하는 것을 보았지요. 그는 향촌의 어른들을 존경하고 농사와 양잠을 장려했습니다. 나는 그에게서 단순한 홍건적이나 백련교도가 아니라 성현의 도를 실현하는 군주의 모습을 발견했지요. 그가 유교를 우대한다는 것을 알게 되면서 내 마음은 더욱 열렸습니다.

명석환 변호사　피고는 홍건적이었지만 학자를 좋아했다면서요?

유기　그렇습니다. 그는 독서를 좋아했어요. 책 속에 수많은 성공과 실패의 경험이 담겨 있다면서 늘 책 읽기를 즐겼지요. 또한 자신

의 글공부가 짧은 것을 안타까워하여 당대의 유명한 학자들에게 배움을 청했어요. 예현관이라는 좋은 집을 지어 학자들을 머물게 하면서 그들로부터 유교 경전과 역사와 나라 다스리는 법을 익혔습니다.

명석환 변호사　피고와 원고의 관계는 어떠했습니까?

유기　곽자흥이 죽자 소명왕 한림아는 곽자흥 군대의 체제를 정비

유교 경전
사서오경을 말합니다. 사서는
『논어』, 『맹자』, 『대학』, 『중용』
이고, 오경은 『시경』, 『서경』,
『주역』, 『춘추』, 『예기』입니다.

하면서 주원장을 좌부원수로 임명했습니다. 그러니 주원장은 한림아의 대송 정권에 속해 있었습니다. 하지만 사실 주원장은 독자적인 세력을 구축하고 있었지요.

유능환 변호사 판사님! 피고 측 증인도 증언하듯이 피고가 원고 휘하에 들어간 것은 형식에 지나지 않으며, 그는 어디까지나 원고 한림아를 이용했을 뿐입니다.

명석환 변호사 그것은 피고가 원고를 섬기고 있었지만 실은 그에 대한 신뢰가 가지 않았기 때문이었지요.

유능환 변호사 원고와 유복통이 이끄는 대송 정권이 가장 큰 세력인데, 그를 신뢰하지 못한다면 어느 세력을 신뢰한다는 말입니까?

명석환 변호사 세력이 크다고 해서 신뢰할 수 있는 것은 아니지 않습니까? 피고는 원고의 전략과 그가 이끄는 홍건적에 대해 기대를 걸 수 없었던 것입니다. 무모한 북진과 약탈을 일삼는 대송 정권을 신뢰할 수 없었던 것이지요. 그래서 그는 스스로 자기 기반을 만들어 나라를 평정하려 했던 것입니다.

유능환 변호사 그것 보세요. 처음부터 피고는 야심을 가지고 홍건적을 이용했습니다.

명석환 변호사 홍건적을 이용했다고요? 증인은 이 말에 대해 어떻게 생각합니까?

유기 홍건적을 이용했다기보다는, 홍건적이 살아남고 난세에 성공하려면 지역 기반과 지지자들을 확보하는 것이 중요한데, 주원장은 그것을 강남에서 찾았던 것이지요.

명석환 변호사 당시 피고의 세력은 다른 **군웅** 세력에 비
해 지역 기반이 약하고 병력도 충분하지 못했던 것으로 알
고 있는데, 어느 정도였습니까?

군웅
같은 시대에 여기저기에서 일어
난 영웅들을 가리키는 말입니다.

유기 1355년경에 황허 강 이남은 기본적으로 한인 천
하였습니다. 한림아를 황제로 옹립한 유복통, 서수휘, 장사성, 명옥
진의 네 군웅 집단이 황허 강 이남에서 각각 땅을 차지하며 세력을
펴고 있었지요. 이에 비해 주원장의 병력은 겨우 이삼만 명에다 판
도도 안후이 성 중부의 작은 지역에 불과했습니다.

명석환 변호사 피고가 돌파구를 찾았겠군요?

유기 그렇지요. 당시 지역 기반도 약하고 인력도 충분하지 못한
주원장은 어딘가 외부로 나가지 않으면 안 되었습니다. 그런데 북으
로는 한림아와 유복통이 있고, 동쪽 바다 쪽에는 장사성이, 서쪽에
는 서수휘가 있으니 주원장으로서는 역부족이었지요. 그렇다고 누
구의 수하로 들어가는 것도 원치 않아 결국 원나라의 세력이 약한
남쪽 강남 지방으로 나가게 되었습니다.

명석환 변호사 강남 지방으로 진출한 목적이 있겠지요?

유기 두 가지 목적이 있었습니다. 하나는 산물이 풍부한 강남 지
역으로 진출함으로써 경제적 지지 기반을 확보하는 것이고, 다른 하
나는 강남의 농민들을 살린다는 것이었습니다.

명석환 변호사 미지의 지역을 점령한다는 게 그리 쉬운 일이 아니
지 않습니까?

유기 그렇습니다. 주원장은 병사들이 불리해지면 돌아갈까 봐 양

옥백

옥과 비단을 아울러 이르는 말
로, 중국 사람들이 귀중한 물품
으로 여겨 제후가 천자를 만날
때는 옥과 비단을 준비하여 바
쳤다고 합니다.

쯔 강을 건넌 후 타고 온 배를 묶어 둔 밧줄을 모두 끊어 버
리도록 명령을 내렸어요. 순식간에 큰 배, 작은 배 할 것 없
이 모두 급류에 휩쓸려 동쪽으로 떠내려가고 강에 배 한
척도 보이지 않게 되자 병사들은 어찌할 줄을 모르며 당황
했지요.

명석환 변호사　병사들이 불안해서 사기가 떨어졌겠군요.

유기　아닙니다. 주원장은 사람을 시켜 "바로 눈앞에 타이핑이 있는
데 거기에 미녀와 옥백이 가득하다. 그곳을 함락하면 마음껏 가질 수
있다!"라고 큰 소리로 외치게 했는데, 이 말을 들은 병사들은 배불리
먹은 다음 다투어 장쑤 성 타이핑으로 달려가 간단히 점령하였습니다.
이후 주원장 군대는 사기가 충천하여 난징을 점령할 수 있었지요.

"아니, 양쯔 강을 건넌 후 강가에 묶어 둔 배의 밧줄을 다 끊어 버
려 돌아갈 수 없게 했다고?"

"그러게 말이야. 대단하군."

"고향으로 돌아갈 수 없으니, 가정에 있는 처자식은 어떻게 하란
말인가?"

"주원장의 냉정한 판단력과 과감한 결단력은 정말 놀랍기만 해."

교과서에는

▶ 주원장(홍무제)은 뒤에
난징을 명의 수도로 삼게
됩니다.

명석환 변호사　▶강남 지방에서도 난징을 중요시한 이유
가 있습니까?

유기　첫째로 강남 지방은 인구가 많고 물산이 풍부해서

군대의 식량과 비용을 마련하는 데 어려움이 없고, 둘째로 그 중심지인 난징은 양쯔 강이 있고 지세가 험한 요새지라 그곳을 근거지로 하여 사면으로 세력을 뻗친다면 천하를 통일할 수도 있겠다고 판단했지요.

명석환 변호사   강남의 지주·지식인들이 홍건적을 반기지 않았을 텐데요?

유기   그렇습니다. 게다가 자칫 주원장의 군대가 약탈을 자행하는 도적 집단으로 전락할 위험성도 있었지요. 부족한 식량을 현지에서 조달한다는 것은 어느 면에서는 약탈을 의미하니까요. 그래서 주원장은 자신의 군대가 도적 집단화하지 않도록 군대 규율을 엄격히 했습니다.

유능환 변호사   피고는 어떤 병사가 규율을 어기었다 하여 즉시 목을 자른 적이 있습니다. 당시 병사들은 대개 농민들입니다. 농민들을 무참히 죽인 잔인한 피고가 농민들을 살리려 했다고 하니 앞뒤가 맞지 않습니다.

명석환 변호사   그것은 살육과 약탈이 벌어지려 할 때 그것을 막기 위한 본보기였습니다. 피고는 병사들이 행군하거나 싸울 때 농토를 파괴하지 않도록 항상 주의를 주었어요. 피고는 1355년 양쯔 강을 건넜고, 그 이듬해에 난징을 점령하여 독자적인 지배 체제를 갖추었으며, 이곳에서 강남 사람들에 의해 오국공으로 옹립되었습니다.

유능환 변호사   그것 보세요. 피고가 강남 지주·지식인과 손을 잡으면서 그의 집단은 농민 집단에서 지주 집단으로 바뀌고 말았으니, 그가 홍건적을 저버린 변절자요 기만자가 아니고 무엇이겠습니까?

명석환 변호사   난세에 강남의 풍부한 경제력을 바탕으로 세력을 키우려 한 것이 왜 잘못입니까? 농민을 살리고 사회 혼란을 수습하려면 정치적 권위가 있어야 하지 않겠습니까?

그리고 판사님! 피고가 북벌에 참가하지 않고 강남으로 내려간 것은 사실이지만, 홍건적을 떠났다거나 농민을 저버렸다는 것은 피고를 전혀 모르고 하는 말입니다. 증인이 이에 대해 증언해 주었으면 합니다.

판사   증인은 이와 관련해 구체적인 증거를 제시할 수 있습니까?

유기   주원장이 강남으로 내려온 것은 농민을 저버린 것이 아니라 어디까지나 농민을 살리기 위한 것이었습니다. 그는 농민을 살리기 위해 여러 경제 정책을 실시했습니다. 이를테면 황폐해진 농업 생산을 다시 일으키기 위하여 권농에 힘썼는데요, 그 중의 하나가 영전사 설치입니다.

명석환 변호사   영전사에 대해 아는 사람이 별로 없는데, 쉽게 설명해 주시지요.

유기   영전사는 당시 관개와 치수의 임무를 맡았던 권농 기관입니다. 주원장은 농업 진흥에 관심을 가지고 강둑을 쌓고 수로를 정비함으로써 농업 생산력의 회복과 발전에 힘을 기울였습니다. 이런 면은 군사력 강화에만 전념하고 있던 다른 홍건적 집단과는 크게 다른 점이었지요.

명석환 변호사   군대의 양식은 어떻게 충당했습니까?

유기   다른 군웅들은 농민들에게서 군량미를 거두어 군대를 유지했기에 농민들의 부담이 컸습니다. 그러나 주원장은 농민들의 부담을 줄이기 위해 농민에 대한 세금을 줄이고 대신 상세(商稅)를 거두어 충당했습니다.

권농
농사를 장려하는 일을 말합니다.

관개
농사를 짓는 데 필요한 물을 논밭에 대는 것을 말합니다.

상세
잡세의 하나로 장사하는 사람에게서 받던 세금입니다.

둔전제

군대의 군량을 마련하기 위해 변경이나 군사 요지에 토지를 마련해 거기에 거주하는 사람이 경작하게 한 제도입니다. 이들은 농번기에는 농사를 짓고 농한기에는 군사 훈련에 임했습니다.

명석환 변호사　　그랬군요. 당시 군사력을 유지하기 위하여 둔전제를 실시했지요? 그것은 어떤 효과가 있었나요?

유기　　동란기에 황폐해진 땅을 둔전으로 개간해서 유민에게 주어, 이들이 농번기에는 농사를 짓고 농한기에는 군사 활동을 하도록 한 제도가 둔전제입니다. 이로써 유민 문제를 해결하고 황무지를 개간함으로써 국가 경제력을 증진시키며 나아가 이를 바탕으로 군사력을 유지한다는 다목적 효과를 가진 정책이었습니다.

명석환 변호사　　피고가 이룬 놀라운 일 중 하나로, 당시 화폐를 발행하여 사용했다면서요?

유기　　그렇습니다. 주원장이 확립한 화폐 제도는 원나라 말 동란기의 사회를 안정시키고 나아가 경제 발전을 이룩하는 데 큰 효과가 있었습니다. 민심이 원나라를 떠난 원인 중의 하나가 물가가 걷잡을 수 없이 올라 화폐 가치가 크게 떨어지고 있다는 점이었습니다. 원나라 말기에 교초가 너무 많이 발행되어 물가가 폭등하니 백성들의 생활이 더욱 고통스러워졌거든요. 주원장은 이러한 경제 혼란을 통화 정책으로 안정시켰던 것이지요.

명석환 변호사　　통화 정책의 내용을 소개해 주시겠습니까?

유기　　주원장은 자기 영역에서 화폐의 절대량이 부족하고 그에 따라 물가가 불안정해지자 난징에 화폐를 발행하는 '보원국'을 세우고 서둘러 '대중통보'라는 동전을 주조했습니다.

명석환 변호사　　동전을 주조했다고 했는데, 이는 어떤 정치적 의미

왜 주원장은 명나라를 세웠을까?

가 있습니까?

유기 　화폐를 주조하여 사용함으로써 사회적·경제적 혼란이 안정될 수 있었습니다. 특히 이때 동전이 주조되고 유통되었다는 것은 주원장 집단의 권위와 통일적 지배를 의미하고, 나아가 왕조 수립의 의지를 보여 주었다고 할 수 있지요.

명석환 변호사 　존경하는 판사님과 배심원 여러분, 원고 측에서는

피고가 정치적 야심을 펴기 위해 강남으로 내려가는 바람에 결국 홍건적의 북벌 운동이 실패한 것처럼 진술하지만, 이는 당시 상황을 잘 모르고 하는 말입니다. 물론 피고는 산물이 풍부한 강남 지역으로 진출하여 자기 집단의 물자 부족을 해결하고자 했지만, 그는 또한 농민들의 생활을 안정시키고 사회 질서를 바로잡는 일에 힘썼습니다. 강남 지방에서 권농 정책을 펴고, 유교주의를 내세우고, 화폐를 주조하여 경제 안정을 꾀한 그의 정책이 강남의 지주·지식인 그리고 농민들로부터 인정받았던 것입니다.

판사   원고 측과 피고 측 변호인의 변론과 증인들의 증언을 잘 들었습니다. 사건의 윤곽이 잡히는군요. 첫째 날에는 홍건적의 난이 왜 일어났는지에 대하여 살펴봤습니다. 몽골 족을 타도하기 위한 한족의 민족 운동인지, 아니면 가난한 농민들을 살리기 위한 것이었는지에 대한 변론이 있었습니다. 오늘 재판에서는 왜 주원장이 강남으로 내려갔는지에 대해 다루었습니다. 주원장이 풍부한 경제력을 바탕으로 지배자의 꿈을 이루려 했다는 시각과 농민 생활을 안정시키고 사회 질서를 바로잡으려 했다는 시각으로 대립되었는데요. 시간이 다 되었으니 오늘 재판은 이것으로 마치겠습니다.

땅, 땅, 땅!

홍건적의 고려 침략

　　14세기 후반, 고려는 홍건적과 왜구의 침입으로 막대한 피해를 입었습니다. 홍건적은 원나라 말기에 중국에서 일어난 농민 반란군인데, 홍건적 북벌군 가운데 만주로 진출하여 랴오양을 점령했다가 원나라 군대에게 쫓기게 된 이들이 퇴로를 한반도로 잡았습니다. 1359년(공민왕 8) 11월 홍건적 3000명이 압록강을 건너와 고려 북변을 약탈하더니, 이해 12월 겨울에는 홍건적 장군 모거경 등이 4만 명의 무리를 이끌고 얼어붙은 압록강을 건너 단숨에 의주, 정주, 인주, 철주 등을 차례로 함락하고 이어 서경(평양)을 함락했습니다. 이에 고려군은 대열을 정비하여 이듬해 정월에 이방실, 안우 등이 이끄는 2만 명의 군대가 맹렬하게 반격하여 서경을 탈환했지요. 이어 퇴각하는 홍건적을 추격하여 궤멸시켰는데, 살아서 돌아간 패잔병이 겨우 300명에 불과했다고 합니다.

　　이어 1361년(공민왕 10)에 관 선생, 파두반 등이 20여만 명의 홍건적을 이끌고 압록강을 건너 다시 고려를 침공했습니다. 홍건적이 개경까지 쳐들어오자 공민왕은 남쪽 안동으로 피난했습니다. 홍건적은 이후 수개월 동안 개경에 머물면서 만행을 저질렀지요. 이윽고 정세운, 안우, 이방실, 김득배, 최영, 이성계 등이 이끄는 20여만 군대가 홍건적을 크게 무찔러 개경을 수복하고 난을 평정했습니다. 이때 홍건적의 장수 관 선생, 사유이 등이 전사했으며 살아서 압록강을 건넌 사람이 얼마 되지 않았다고 합니다.

　　홍건적과 왜구의 침입으로 인해 그동안 공민왕이 추진하던 반원 자주 개혁은 난관에 부딪쳤고, 대신 최영, 이성계 등의 무장 세력이 점점 강해졌습니다.

다알지 기자

역사공화국 안팎의 소식을 가장 빠르고 정확하게 전해 드리는 역사공화국 법정 뉴스의 다알지 기자입니다. 오늘은 원나라 말기 한림아 대 주원장의 재판 둘째 날로, 주원장의 남하에 대해 원고 측과 피고 측의 주장이 팽팽하게 맞섰습니다. 원고 측은 피고가 정치적 욕망을 채우고자 지주들과 손잡기 위해 남하했다고 주장했고, 피고 측은 어디까지나 농민들을 살리기 위한 것이었다고 반박했지요. 한 치 양보 없이 날카로운 변론을 펼쳐 주신 양측 변호인을 모시고 이야기를 들어 보겠습니다.

유능환 변호사

　주원장이 농민을 살리기 위해 강남으로 내려갔다고요? 천만의 말씀입니다. 피고는 경제력이 풍부한 강남으로 내려가 원 왕조에 기생하고 있는 지주와 손잡고 자신의 정치적 야심을 펼치려 했습니다. 피고는 군대 규율을 엄격하게 하고 사람을 죽이지 않았다고 하는데 그건 말뿐이었습니다. 홍건적의 정체성이나 농민을 살린다는 면은 그에게서 찾아볼 수가 없지요. 누가 뭐라 해도 주원장은 겉으로 소명왕을 모시는 척하면서 실제로는 풍부한 강남 지방의 경제력을 바탕으로 지배자의 꿈을 이루려는 꿍꿍이속을 차근차근 실천해 가고 있었으니까요. 그는 홍건적의 가면 아래 강남 지주들을 등에 업고 자기 세력을 키워 천하를 거머쥐려 한 야심가였습니다.

명석환 변호사

주원장이 강남으로 진출한 데에는 두 가지 목적이 있었습니다. 하나는 물자의 결핍을 해결하기 위해서 물자가 풍부한 강남 지역으로 진출했던 것이고, 다른 하나는 강남의 농민들을 살리기 위해서였습니다. 원나라 말기 홍건적의 반란은 원나라 지배 체제에 대한 한족의 봉기이지만 그 배후에는 거듭되는 농민의 빈곤화를 타파하려는 목적이 있었습니다. 그래서 강남에서 농민을 위한 여러 사회·경제 정책을 실시한 주원장이 지주·지식인, 농민들로부터 크게 환영을 받았던 것이지요.

다음 재판 때 강남 사람들이 주원장을 어떻게 환영했는지 밝히겠습니다. 기대해 주세요.

왜 주원장은 명나라를 세웠을까?

원 대의 유물로는 어떤 것이 있을까?

목패

우리나라 전라남도 신안의 앞바다에서 발견된 유물로, 배에 싣는 화물에 매다는 꼬리표입니다. 이러한 것을 '부찰'이라고 하는데, 상자나 꾸러미에 묶여 있어서 화물의 주인이 누구인지, 물자의 종류나 수량은 어떤지 짐작할 수 있습니다. 나뭇조각에 먹으로 쓴 것으로 크기나 형태는 조금씩 다르지요.

술잔

중국 원나라 때 만들어진 것으로 보이는 금속 술잔으로 높이가 26.9센티미터입니다. 긴 목에 몸통은 북과 같은 모양이며 입이 닿는 부위는 나팔처럼 확대되어 있습니다. 긴 목의 네 곳에 뿔 모양의 윤곽선 처리가 되어 있는 것이 특징입니다.

청백자 두 귀 달린 병

원나라 때 도자기로 높이는 31센티미터입니다. 중국에서 이른바 '옥호춘병'이라고 부르는 양식에 높은 굽이 달린 독특한 모양의 도자기이지요. 특히 긴 목에 양쪽으로 붙어 있는 돌기 모양의 귀가 독특합니다. 귀 아래에는 동물이 문고리를 물고 있는 모양의 장식이 붙어 있지요.

청자 큰 꽃병

높이가 45센티미터나 되는 커다란 화병입니다. 나팔 모양의 입과 기다란 목, 둥근 몸통으로 이루어졌으며 굵은 가로 줄무늬 아래 모란 문양이 장식되어 있지요. 그 아래로는 도드라진 연꽃잎 모양의 무늬가 둘러져 있는 것이 특징입니다.

흑유 두 귀 달린 병

원나라 때 만들어진 도자기로 검은색을 띱니다. 몸통은 공 모양이고 입구가 좁은 형태이지요. 목과 어깨에 걸쳐 잎사귀 모양의 귀가 달려 있습니다. 이렇게 검은색을 띠는 것은 먼저 흑유(갈유)를 입힌 뒤에 다시 광택이 나는 천목유(칠흑유)를 입혔기 때문이지요.

출처: 국립중앙박물관(www.museum.go.kr)

주원장은 어떻게 하여 최후 승자가 되었을까?

1. 주원장은 어떻게 세력을 확장해 나갔나?
2. 소명왕 한림아는 왜 강물에 빠져 죽었을까?

주원장은 어떻게 세력을 확장해 나갔나?

　　재판 셋째 날. 마지막 재판이라 그런지 다른 때보다 사람들이 더 많이 몰려들었다. 세계사법정 출입문 안팎에서 많은 사람들이 웅성거리고 있다.

　　"오늘은 방청객들이 더 많이 모인 것 같은데."

　　"한림아의 억울함이 풀릴지, 주원장이 오해에서 벗어날지 결판나는 날이잖아."

　　판사가 법정에 들어서자 웅성거리던 사람들이 모두 일어섰다. 어수선하던 분위기가 갑자기 조용해졌다.

　　판사와 함께 사람들이 모두 앉았다. 법정 경위가 판사의 얼굴을 살피며 난방을 가동하고 창문을 닫았다. 이른 봄이라 밖은 따뜻해도 실내에서는 아직 싸늘함이 느껴진다.

판사   지금부터 마지막 재판을 시작하겠습니다. 먼저 원고 측 변호인, 말씀해 주세요.

유능환 변호사   존경하는 판사님, 그리고 배심원 여러분! 오늘 저는 두 가지 사실을 확실히 증명해 보이도록 하겠습니다. 첫째는 원나라 말 동란기 혼란스러운 상황에서 주원장이 어떻게 술수를 부려 세력을 키워 나갔는가 하는 것이고, 둘째는 한림아를 주원장이 죽였다는 사실입니다. 이를 증명하기 위해 증인을 신청하겠습니다. 증인 유복통을 불러 주시기 바랍니다.

판사   증인 유복통은 나와서 증인 선서를 해 주세요.

유복통   나 유복통은 신성한 법정에서 진실만을 말할 것을 맹세합니다.

유능환 변호사   증인은 간단히 자기소개를 해 주시지요.

유복통   나는 안후이 성 영주 출신으로 원나라 말기에 홍건적을 이끌었던 사람입니다. 1351년 5월에 원나라 순제가 황허 강 치수 공사를 위해 대규모로 양민을 부역시키자, 이를 계기로 나는 ▶원고의 부친이자 백련교 교주인 한산동과 함께 백련교도들을 모아 영주에서 대대적으로 반원 봉기를 일으켰지요. 나는 홍건적의 총책임자로서 북벌의 작전 지휘를 끝까지 맡고 있다가 생을 마쳤습니다.

유능환 변호사   원고와는 어떤 관계입니까?

유복통   한산동이 원나라 관헌에 붙잡혀 죽자, 나는 한산동의 아들 한림아를 소명왕으로 추대하고 나라 이름을 '대송'이라 한 뒤 보저우를 도읍으로 하고 홍건적을 규합

교과서에는

▶ 비밀 종교인 백련교 신도들이 중심이 된 홍건적의 난이 일어나 원이 혼란에 빠집니다.

하여 반원 운동을 벌였습니다. 나는 원고를 보필하여 홍건적을 이끌고 북벌을 개시하여 카이펑을 점령하는 등 대송국을 홍건적 최대의 세력으로 만드는 데 공을 세웠지요.

유능환 변호사   홍건적의 세력이 어떻게 갈리었는지요?

유복통   1351년 한산동이 난을 일으키자 곳곳에서 의거가 일어났습니다. 서수휘는 후베이 성 동남쪽 치쉐이에서 반기를 들었고, 곽자흥은 안후이 성 호주에서 반란을 일으켰습니다. 그 외에 쑤저우에서 장사성이, 장시에서 진우량이, 쓰촨에서 명옥진 등이 나라를 세웠습니다. 홍건적과는 달리 해운업자로서 저장 성 타이저우에서 반란을 일으킨 해상 세력 방국진도 있었습니다.

유능환 변호사   이때 피고는 무엇을 하고 있었나요?

유복통   주원장은 곽자흥이 죽은 후 그 세력을 이어받아 자기 세력을 키우기에 여념이 없었지요. 그는 반원 운동에는 관심이 없었습니다. 북벌 운동에 참가하라는 명령에 따르지 않고 도리어 갖은 술책을 써서 자기 세력을 키우기에 혈안이 되어 있었습니다.

증언을 듣고 있던 명석환 변호사가 갑자기 자리에서 일어나 증인의 말을 끊었다.

명석환 변호사   술책이라니요? 원나라군과 싸우려면 막강한 힘과 능력을 갖추고 있어야 하고 전술 전략이 치밀해야 합니다. 북벌 계획이 치밀하지 못하고 능력을 갖추지 못한 상태에서 원고의 세력이 무작정 북진한다는 것은 무모한 짓 아닙니까? 존경하는 판사님, 그리고 배심원 여러분! 저는 원나라 말 동란기의 혼란스러운 상황에서 피고가 어떻게 세력을 키워 왔는지를 밝히겠습니다. 증인 서달을 불러 주시기 바랍니다.

판사   증인 서달은 나와 주세요.

증인이 선서를 마치고 증인석에 앉자 명석환 변호사가 말했다.

명석환 변호사   먼저 자기소개를 해 주시겠습니까?

서달   나와 주원장은 같은 고향에서 자란 죽마고우입니다. 주원장이 동네에 와서 군사를 모집할 때 나는 그에 호응하여 홍건적에 가담했습니다. 나는 주원장을 도와 진우량, 장사성 군대를 무너뜨리고 이어 몽골 족의 원나라를 몰아낸 군사 전략가이지요. 주원장은 나라를 세운 후 나를 개국 공신으로 삼았어요. 나는 어느 누구보다 그를 잘 압니다. 어려서부터 함께 지냈으니까요.

명석환 변호사   증인은 여러 군웅 중 피고가 최후 승자가 될 정도로 세력이 커진 까닭이 무엇이라고 생각합니까?

서달   주원장은 다른 집단에 비해 이렇다 할 유리한 조건을 갖고 있지 않았습니다. 진우량과 같은 강대한 군대도, 장사성 집단과 같은 풍부한 경제력도 없었고, 한림아와 유복통 집단처럼 정치적 위엄도 갖추지 못했지요.

명석환 변호사   그런데 어떻게 피고가 최후 승자가 되었습니까?

나는 주원장을 도왔던 군사 전략가요.

증인 선서문

법

서달　　주원장이 최후 승자가 된 이유를 밝히려면 먼저 다른 홍건적의 활동을 봐야 합니다. 다른 홍건적 장수들은 어느 단계까지 성장하면 자기의 유리한 조건을 활용하지 못하고 그저 자기 만족에 빠져 우쭐대었습니다. 내부에서는 권력 투쟁이 일어나기 일쑤였고요.

명석환 변호사　　서로 죽이는 일까지 벌어졌다면서요?

서달　　그런 일이 흔했어요. 이번에 증인으로 나온 유복통도 승상 두준도를 죽이고 자기가 승상이 되었습니다. 주군 서수휘를 죽이려던 부하 예문준이 도리어 자기 부하 진우량에게 죽임을 당했는데, 그 후 진우량은 자신의 주군인 서수휘를 죽였지요.

명석환 변호사   그것은 그들 집단의 규율이 그만큼 문란하다는 얘기 아닙니까?

서달   그렇습니다. 각 집단이 규율이 문란하고 하극상 풍조가 심했습니다. 한림아의 대송 정권도 병사가 많기는 했지만 명령이 잘 이행되지 않아 결국 북벌에 실패한 것이지요.

유능환 변호사   증인은 무슨 말을 하는 겁니까? 북벌에 실패한 것은 피고의 비협조와 배반 때문이었어요. 홍건적의 탈을 쓰고 왕의 명령조차 따르지 않은 주제에……. 그리고 피고도 사람을 많이 죽이지 않았습니까?

명석환 변호사   물론 피고의 집단에서도 사람을 죽인 일이 없지 않았지요. 원나라 말기에 사회 질서가 문란한 상태에서 초기 자립하는 과정에서 피고도 약탈적 행위를 보이기도 했으니까요.

유능환 변호사   그러면서 사람을 죽인 것을 운운합니까?

명석환 변호사   그러나 피고는 양쯔 강을 건넌 뒤 살인을 금하고 납치한 부녀자들을 그대로 돌려보냈습니다. 병사들이 약탈하는 것을 엄격히 금하고 농민의 재산을 빼앗은 자를 엄벌에 처하는 등 단호한 태도를 취했지요. 그랬기에 강남의 농민과 지주·지식인들이 피고를 신임했던 것입니다.

유능환 변호사   판사님! 지난번 증인으로 나온 유기는 피고에게 소명왕인 원고를 받들지 말고 먼저 진우량을 친 후 이어 장사성을 쳐

진언
윗사람에게 자기의 의견을 말하는
것, 또는 그런 말을 일컫습니다.

지피지기면 백전백승
'상대방을 알고 나를 알면 백번
싸움에 모두 이길 수 있다'는 뜻
입니다.

서 중원을 평정하라는 계책을 내놓았습니다. 이것은 내분을 조장하여 민족끼리 서로 싸우도록 한 가당치 않은 수법입니다. 홍건적의 상대는 몽골 족임에도 불구하고 말입니다. 그러므로 피고와 그의 참모는 같은 중국 민족끼리 싸우게 만든 민족 반역자입니다.

명석환 변호사 피고가 민족 반역자라니요. 터무니없습니다. 이에 대해 증인께서 하실 말씀이 있으실 텐데요.

서달 유기가 동편의 장사성보다 서편의 진우량을 먼저 공격하는 방안을 내놓은 것은 사실이고 주원장이 그 전술 전략을 받아들인 것도 사실이지만, 그렇다고 피고가 민족 반역자는 아닙니다. 원나라 말기에 여기저기서 영웅호걸들이 일어나 서로 세력을 다투어 천하가 분열될 조짐이 짙어 가자, 주원장은 참모의 말을 좇아 결국 민족을 하나로 통일했습니다. "천하를 3등분한 것은 제갈량이요, 강산을 하나로 통일한 것은 유기다"라는 말은 여기서 나왔지요.

명석환 변호사 피고가 진우량을 먼저 공격한 이유가 있나요?

서달 장사성은 도량이 작고 멀리 내다보는 눈도 부족하니 그리 걱정할 바가 아니나, 진우량은 '한 왕'이라 자칭하면서 주원장을 노리고 있으니 그를 먼저 공격해야 한다고 유기가 진언했습니다. 진우량을 치면 장사성은 고립되어 쉽게 점령할 수 있고, 그 후에 군대를 이끌고 북상한다면 원나라도 쉽게 무너뜨릴 수 있다는 책략이었지요.

명석환 변호사 전략은 어떤 것이었습니까?

서달 "지피지기면 백전백승"이라 하지 않습니까? 유기는 진우량을 잘 알고 있었습니다. 진우량은 용맹하지만 슬기로움이 부족하고 먼 길을 오느라 병사들이 모두 지쳐 있을 것을 계산했습니다.

매복
상대편의 동태를 살피거나 불시에 공격하려고 일정한 곳에 몰래 숨어 있는 것을 말하지요.

명석환 변호사　진우량의 군대가 훨씬 많지 않았습니까?

서달　많고말고요. 진우량 군대는 60만, 주원장 군대는 20만이었습니다. 그러니 병력 수로만 보면 어림없었지요. 그래서 주원장은 **매복** 작전을 구상했습니다. 진우량이 장병들이 많은 것만 믿고 자만하여 경솔하게 쳐들어오면 그때 적을 깊숙이 유인하자는 것이었지요. 험준한 요새에 매복해 있다가 진우량 군대가 들어왔을 때 그 일부만 소탕하면 나머지는 저절로 와르르 무너질 것이라는 전략이었습니다. 주원장은 이런 전술 전략을 믿고 진우량과의 일전을 치렀어요.

명석환 변호사　증인은 당시 포양호 전투에 참여했지요? 그 전투에 대해 말씀해 주시지요.

서달　당시 나는 주원장을 모시고 상우춘과 함께 이 작전을 지휘했습니다. 여름철에 수군을 이끌고 포양호에서 진우량과 맞서 싸웠지요. 당시 진우량의 60만 대군이 주원장의 보루를 격파하여 난징 외곽까지 이르렀지만, 사람의 계산은 하늘의 계산을 따르지 못한다는 말이 있듯이 주원장 군대의 매복에 걸려 참패를 당했습니다. 이후 포양호에서 일진일퇴를 거듭했지요. 주원장 군대는 먼저 화포로 집중 공격한 다음 활 사격을 하고 이어 창과 칼로 진우량 군대를 무찔렀습니다. 이때 진우량의 대형 군함 20여 척이 불타고 수만 명이 살상되었습니다.

명석환 변호사　　진우량도 그때 전사했습니까?

서달　　양측은 포양호에서 최후의 결전을 벌였어요. 그런데 진우량이 작전 중 배를 바꿔 타다가 화살에 맞아 전사(1363)하는 바람에 부대가 곧 와해되었고, 결국 전쟁을 벌인 지 약 한 달 만에 주원장의 대승리로 끝이 났지요. 이 승리는 원나라 말 동란기에 주원장이 최후 승자가 되는 굳히기 싸움이었다고 해도 과언이 아닙니다.

명석환 변호사　　진우량과 싸우는 동안 피고의 **인도주의적인** 면이 크게 드러났다고 하는데 그게 사실입니까?

서달 그렇습니다. 포양호 싸움에서 주원장은 항복한 장병들을 돌려보내고 부상자들을 정성껏 치료해 주었습니다. 그뿐 아니라 적군 전사자의 위령제까지 지내 주었어요. 이와 반대로 진우량은 포로를 모조리 죽였습니다. 주원장과 진우량은 인도주의적인 면에서 커다란 차이를 보였지요. 포양호 전투에서 패한 뒤 진우량 잔당들이 모조리 항복하고 주원장 밑으로 들어왔는데, 이는 주원장의 인도주의적 행동에 감화를 받았기 때문이지요.

유능환 변호사 그렇지 않습니다. "성공하면 왕이요, 실패하면 도적이다"라는 말이 있듯이, 당시의 역사가 승자편에서 기록되었기 때문에 피고의 잔학상이 가려졌을 뿐입니다. 실제로 피고는 잔학하기 이를 데 없는 자입니다. 포양호 전투에서 목이 잘린 병사가 2000여 명이었고, 불에 타 죽거나 익사한 자가 헤아릴 수 없이 많았으며 호수가 온통 붉게 물들었다고 하니, 얼마나 많은 사람들이 피고에 의해 죽임을 당했는지 충분히 짐작이 가지 않습니까?

명석환 변호사 사느냐 죽느냐 하는 치열한 전쟁터였으니 물론 싸우는 양측 모두 희생이 많았을 테지요. 하지만 피고는 다른 군웅과는 다른 점이 있었다면서요?

서달 그런 점이 많았지요. 주원장은 군대를 이끌고 남하하면서 원나라군과 맞서 싸웠는데, 그때 잡힌 원나라군의 포로를 병력에 참가시켰습니다. 원나라 군대라 하더라도 그들 역시 강제 징집된 농

와해
기와가 깨진다는 뜻으로, 조직이나 계획 따위가 산산이 무너지고 흩어짐을 이르는 말입니다.

인도주의
인간의 존엄성을 최고의 가치로 여기는 것을 말합니다. 인종, 민족, 국가, 종교 따위의 차이를 초월하여 인류의 안녕과 복지를 꾀하는 것을 이상으로 하는 사상이나 태도를 가리키지요.

위령제
죽은 사람의 영혼을 위로하기 위하여 지내는 제사입니다.

도량
사물을 너그럽게 용납하여 처리할 수 있는 넓은 마음과 깊은 생각을 말합니다.

부로
한 동네에서 나이가 많은 남자 어른을 높여 이르는 말입니다.

약법삼장
중국의 한고조 유방이 진나라를 멸한 후, '사람을 죽인 자는 죽이고, 남을 상해하거나 도적질한 자는 벌을 주고, 진의 모든 법은 이를 폐지한다'는 세 개의 법을 부로들에게 약속한 것으로 법의 간소화를 의미합니다.

민들 아니겠습니까? 주원장의 눈에는 그들이 적이 아니라 같이 고통을 받는 동료로 보였던 것입니다. 주원장이 다른 군웅과 달리 황제의 재목감이라는 면이 여기에 잘 나타나 있습니다. 즉, 적일지라도 자기편으로 흡수할 수 있는 설득력, 그들을 인간으로 대우하는 넓은 **도량** 등은 다른 군웅에서 찾아볼 수 없는 그의 비범성이라 할 수 있습니다.

명석환 변호사　　피고가 난징을 점령하고 이름을 응천부로 바꾸었는데, 피고가 입성한 후 이곳 관리와 향촌의 **부로** 및 일반 사람들에게 발표한 포고문이 있다면서요?

서달　　주원장은 다음과 같은 포고문을 내렸습니다. "원나라의 정치와 기강이 바로 서지 않아 사방에서 반란이 일어나고 백성들이 도탄에 빠져 있소. 내가 무리를 이끌고 여기에 온 것은 다만 백성들을 위하여 난을 평정하기 위함이니 백성들은 결코 염려하지 말고 각자 자기 맡은 일에 전념하도록 하시오. 현인군자는 예로써 맞아 등용하겠으며, 관리들은 횡포를 부리거나 백성을 괴롭히는 일이 없도록 해 주기를 바라오. 그리고 백성을 괴롭힌 지난날의 악법은 그대들을 위해 내가 모두 폐지하오"라는 것이었지요.

명석환 변호사　　그러고 보니 옛날 한고조 유방이 셴양에 들어가 진나라의 악법을 폐지하고 **약법삼장**으로 민생을 살린 것과 같군요. 역시 피고는 다른 홍건적과 달리 항상 민생을 생각하는 그릇이 큰 인물이었음을 알 수 있군요.

유능환 변호사　　피고가 도량이 넓다고요? 그가 의심이 많고 신하들을 믿지 못하여 호유용의 옥, 남옥의 옥 등을 일으켜 수많은 관료들을 죽였다는 이야기는 유명하지요. 그가 도량이 넓다니 당치도 않은 말입니다.

명석환 변호사　피고가 황제가 된 후 많은 관료들을 죽인 것은 중앙 집권적 전제 정치를 실현해 가는 과정에서 나타난 정치적 행동으로 봐야겠지요. 하지만 피고가 나라를 세우기 전에는 살생을 피하고 근검절약과 신의를 앞세우면서 유교주의를 신봉했습니다. 이는 피고가 홍건적 이념에서 유교 이념으로, 또한 파괴에서 질서로 전환하고 있었음을 의미합니다.

유능환 변호사　그러니 피고가 홍건적을 배반했다는 것 아닙니까? 그리고 유교주의, 질서주의를 강조하는데, 그것은 지주·지식인을 끌어들여 나라를 차지하려는 위장술이 아니고 무엇입니까?

판사　원고 측 변호인, 진정하세요. 피고 측 변호인은 더 신문할 것이 있나요?

명석환 변호사　진우량을 꺾은 후 피고는 오나라를 세웠다지요?

서달　그렇습니다. 진우량이 소멸되자 남은 것은 동편의 장사성뿐이었습니다. 장사성 외에는 감히 주원장과 높고 낮음을 겨룰 자가 없게 되자, 1364년 정월에 주원장은 난징에서 오국의 왕으로 추대되었습니다. 주오국(朱吳國)은 중앙에 행정을 담당하는 중서성을 두었는데, 이는 중국을 지배하는 새로운 왕조 체제가 갖추어졌음을 의미했지요.

명석환 변호사　장사성과의 싸움은 어떠했습니까?

주오국
당시 장사성도 '오(吳)'라는 국호를 사용했고 주원장도 '오'라는 국호를 사용했습니다. 그러므로 이 둘을 구분하여 장사성이 세운 오는 '장오' 또는 '동오'라 하고 주원장이 세운 오는 '주오' 또는 '서오'라 합니다.

서달　　동편에서 세력을 편 장사성은 그 무렵 쑤저우를 근거지로 하여 오왕이라 칭하고 원나라 수도인 대도로 통하는 해운을 장악하고 있었습니다. 그러니 양쯔 강 연안에 두 사람의 오왕이 출현한 셈으로, 이 두 세력은 일전을 피할 수 없었습니다.

명석환 변호사　　장사성 부대 토벌도 증인이 진두지휘한 것으로 알고 있는데, 그때의 상황을 말씀해 주세요.

서달　　주원장은 나를 대장군으로, 상우춘을 부장군으로 임명하고 20만 대군을 주어 장사성 부대를 토벌하게 했지요. 상우춘은 곧바로 근거지인 쑤저우로 진격하자고 했으나, 주원장은 쑤저우를 먼저 공격하면 호주나 항저우를 지키고 있던 군대가 쑤저우를 구원하러 올 것이 분명하니 이 두 군사 요충지를 먼저 점령하자고 했어요. 결국 그 작전이 성공한 것이지요.

명석환 변호사　　장사성 군대를 토벌할 때 피고가 병사들에게 당부한 말이 있다면서요?

서달　　"성을 함락하면 절대로 약탈이나 살인을 하지 말라. 건물을 훼손하지 말라. 쑤저우 성 밖에는 장사성 모친의 묘소가 있는데 그것을 절대 침범하거나 파괴하지 말라"고 당부했지요.

명석환 변호사　　군대 규율이 엄격하고 인도주의를 펼치니 민심이 모일 수밖에 없었겠군요. 토벌은 성공했나요?

서달　　네. 쑤저우는 포위된 채 10개월을 버티었으나 1367년 9월에 마침내 함락되고 말았지요. 쑤저우 지방의 막대한 부를 기반으로 완강히 저항하던 장사성이, 성안의 식량이 떨어져 궁핍해지자 마침내 항복하고 말았습니다. 장사성이 포로가 되고 장오국이 멸망하자 강남의 곡창 지대가 모두 주원장의 세력 아래 들어오게 되었고, 이제 남은 건 원나라 타도뿐이었습니다. 이를 위해 주원장은 나를 대장군으로 삼고 대군을 이끌고 북벌에 나서도록 했습니다.

귀순
적이었던 사람이 반항심을 버리고 스스로 돌아서서 복종하거나 순종하는 것을 말합니다.

명석환 변호사 쑤저우가 함락되자 장사성이 자살했다고 들었는데, 사실인가요?

서달 쑤저우가 함락되자 장사성의 친위대는 잔병들을 모아 최후 결전을 시도했습니다. 그러나 식량이 끊기고 병사들마저 제각기 흩어지자, 장사성은 자기 집으로 돌아가 자살하려 했습니다. 그런데 마침 부하에게 발견되어 구조되었지요. 장사성은 사로잡혀 난징으로 연행되어 오는 도중 단식을 하며 항거하다가 목을 매어 생을 마감했습니다. 그의 나이 47세 때였지요.

명석환 변호사 피고가 장사성의 장례를 잘 치러 주었다면서요?

서달 주원장은 장사성의 시신을 매장하고 성대하게 장례를 치러 주었습니다. 이때 쑤저우 사람들이 주원장의 태도에 많이 탄복했지요.

명석환 변호사 해상에서 세력을 펴고 있던 방국진은 어떤 태도를 취했습니까?

서달 장사성이 패망하자 가까이 있던 해상 세력 방국진은 위협을 느껴 배에 보물을 가득 싣고 도망쳤어요. 하지만 부장들이 항복하자고 권유하자 방국진도 귀순했습니다. 주원장은 싸우지 않고 방국진 세력을 얻은 셈이지요. 방국진은 주원장에게 많은 보물을 바쳤고,

주원장은 그에게 관직을 주었습니다. 이름뿐인 관직이긴 했지만요.

명석환 변호사　　유기의 전략 전술로 진우량과 장사성의 군대를 쓰러뜨렸다는 것이 이것으로 확인되었습니다.

　　문제는 강남에서 피고가 어떻게 세력을 확장해 나갔는가 하는 건데요. 이 무렵 지주들이 홍건적을 보는 눈은 어떠했습니까?

서달　　홍건적은 백련교단을 모체로 했지만 실제적으로는 도적과 유랑민이 모인 집단입니다. 따라서 통솔이 잘 안 되고, 규율이 애매하고 도덕도 없어서 약탈과 살육을 일삼는 부대가 많았어요. 또 한족의 부흥과 이상 사회 건설을 주창했지만 구체적으로 뚜렷한 정책도 없었습니다. 그러니 지주들로선 향촌에서 홍건적 반란이 일어나면 자신들의 생활이 매우 불안해진다고 생각했지요. 한족 지식인층마저 이들에게 실망해 협력하지 않았기에 홍건적은 오래 버틸 수 없었던 것입니다.

명석환 변호사　　원나라에 대한 지주들의 생각은 어떠했습니까?

서달　　원나라에 대한 지주들의 기대도 종전과 같지 않았습니다. 그들은 원나라 조정이 이미 각지의 반란군을 진압할 능력을 상실했다고 보았어요. 원나라 말기 지주·지식인들은 농민 반란이 확산되면서 사회 질서가 파괴되고 농촌도 황폐화되는 절박한 상황에서 향촌 질서를 보장하기 위한 새로운 대책을 마련하지 않으면 안 되었습니다.

명석환 변호사　　새로운 대책이라뇨? 그것이 무엇입니까?

서달　　지주들은 향리를 보존하기 위해 의병을 조직했습니다.

명석환 변호사　의병을 조직했다고요? 자세히 말씀해 주십시오.

서달　원나라가 이미 한계 상황에 왔다고 본 지방 토호와 지주들은 농민을 규합하여 향리를 보존하고자 일종의 향토 방위군을 조직했는데 그것이 의병이지요. 반란군을 따르면 관군에 반대하는 것이 되고, 관군을 따르면 반란군이 자신들을 해칠 테니, 향촌의 지주들은 이러지도 저러지도 못하고 살아남기 위한 자위책으로 의병을 구성해 향리를 보존했던 것입니다. 이러한 의병을 민병 또는 향병이라 불렀습니다.

명석환 변호사　지주는 의병을 어떻게 모집했나요?

서달　거느리고 있는 소작인을 병사로 모집하기도 했고, 사재를 들여 모집하거나 자신의 종족을 이용하기도 했습니다. 지주들은 원나라가 사회 혼란을 수습할 수 없는 상황에서 단기간에 수백 명 또는 수천 명으로 구성된 의병을 조직해서 나라를 대신해 향촌 질서를 안정시키고 있었습니다.

명석환 변호사　지주들의 의병 조직은 일시적인 방책일 수는 있지만 근본적인 문제 해결은 아니지 않습니까?

서달　그렇지요. 원나라 말기의 강남 지주·지식인들은 그들의 사회적 지위를 보장해 줄 국가 권력이 회복되기를 갈망하고 있었지만, 원나라의 규율과 기강이 흐트러진 상태에서 다시 원상회복되기를 기대하기란 이미 어려운 상황이었습니다. 임시방편으로 향촌에서 의병을 구성하고 있던 지주·지식인들은 그들의 사회적 지위와 향촌

사재
개인이 소유하고 있는 재산을 말합니다.

제휴
서로 손을 잡고 돕는 것을 말합니다.

의 질서를 보장해 줄 강력한 세력이 출현하기를 기대하고 있었지요.

명석환 변호사　　그러니까 그때 만난 것이 피고의 세력이었군요.

서달　　그렇게 말할 수 있지요. 강남에 온 주원장은 이전의 홍건적 이념을 탈피해 유교주의 정치 이념을 채택하고 있었고, 약탈과 파괴보다는 민생 안정과 향촌의 질서를 중시하고 있었으므로, 의병을 구성하고 있던 지주·지식인들은 주원장을 환영했습니다. 주원장 역시 자신의 정치적 꿈을 실현하기 위해 지주·지식인을 끌어들였고요.

명석환 변호사　　피고가 최후 승자가 된 데에는 그의 정치적 역량, 집단의 엄격한 규율과 도덕성도 작용했지만, 무엇보다도 지주·지식인과의 제휴, 그들과의 이해의 일치가 크게 주효했던 것입니다. 곧 홍건적은 원나라의 압제에 반대할 뿐 아니라 구질서를 파괴하는 자라고 인식되었기 때문에, 전통적인 지주층 입장에서는 하나의 도적 떼에 지나지 않았습니다. 이에 피고는 강남에서 홍건적을 탈피하여 체제 파괴자에서 체제 옹호자로 전환했고, 이러한 그의 태도는 사회 안정을 바라고 있던 지주·지식인 및 농민들의 지지를 얻어 마침내 세력을 크게 확장시킬 수 있었던 것입니다.

왜 주원장은 명나라를 세웠을까?

소명왕 한림아는
왜 강물에 빠져 죽었을까?

2

명석환 변호사가 신문을 마치고 자리로 돌아가자 유능환 변호사
가 벌떡 일어났다.

유능환 변호사　판사님, 증인에게 반대 신문을 하고자 합니다.

판사　허락합니다.

유능환 변호사　피고가 백련교를 '요술', 홍건적을 '요적' 곧 '도적
떼'로 규정했다고 전날 증인이 증언했듯이, 피고는 홍건적을 철저히
백안시하고 있습니다. 그렇다면 홍건적의 우두머리인 원고를 부정
한다는 얘기인데, 맞습니까?

서달　주원장이 백련교를 '요술, 요적'이라 한 것은 세력이 어느 정
도 확대된 후 자신의 과거 경력을 숨기려는 데서 나온 것이었습니

백안시
남을 업신여기거나 무시하는 태도로 흘겨보는 것을 말합니다. 진나라 때 죽림칠현의 한 사람인 완적이 반갑지 않은 손님은 백안으로 대하였다는 데서 유래한 말이지요.

다. 그렇다고 소명왕 한림아를 부정한 것은 아닙니다. 그 증거로 주원장은 대송국의 '용봉'이란 연호를 사용했고, 또 한림아가 궁지에 몰렸을 때에는 그를 도와주었지요.

유능환 변호사　　피고가 원고를 도왔다고요? 그런 엉터리 같은 소리 하지 마세요. 피고는 원고를 죽인 자입니다.

서달　　아니오. 한림아는 타고 가던 배가 풍랑에 전복되어 죽은 것입니다.

유능환 변호사　　판사님! 증인은 억지를 쓰고 있습니다. 피고는 간교한 꾀를 써서 원고를 죽였습니다. 그때의 상황을 누구보다 잘 아는 유복통을 증인으로 불러 주시지요.

판사　　허락합니다. 증인, 아! 벌써 나와 있었군요.

유능환 변호사가 증인석의 유복통에게 다가갔다.

유능환 변호사　　증인은 원고를 늘 모시고 있었지요?

유복통　　나는 대송국의 승상으로서 소명왕 한림아를 보필하면서 홍건적의 북벌 작전을 지휘했습니다. 홍건적이 승승장구 북진하여 카이펑을 점령하자, 소명왕은 그곳을 수도로 정했지요. 그곳은 옛 송나라 때의 수도였기에 특별한 의미가 있어 우리는 의기충천했습니다. 그러나 1359년에 원나라군이 카이펑을 포위하자 나는 소명왕을 모시고 일단 안풍으로 피신했습니다.

유능환 변호사　　안풍에 있을 때 장사성의 침략을 받았다면서요?

왜 주원장은 명나라를 세웠을까?

주군, 주군을
구하러 제가
왔습니다.

유복통　　그렇습니다. 안풍으로 내려왔지만 지역이 생소하고 세상
이 뒤숭숭하여 도무지 안정이 되지 않았습니다. 그러한 때 원나라에
투항한 장사성이 대장 여진을 파견하여 안풍을 포위 공격했지요. 궁
지에 몰린 소명왕은 마침내 주원장에게 구원을 요청하여 위기를 벗
어날 수 있었어요. 그 점에 대해서는 소명왕도 주원장에 대해 고맙
게 생각하고 있었습니다.

명석환 변호사　　판사님! 그것 보세요. 그때 피고가 원고를 구출해
주었습니다. 당시 피신하고 있던 안풍 성내에는 먹을 것이 없고 병

사들도 기진맥진한 상태라 더 이상 버티기 어려운 지경이었습니다. 이때 원고가 피고에게 구원을 요청했고, 피고는 다른 신하들의 만류에도 불구하고 친히 대군을 이끌고 안풍으로 들어가 원고를 구출하여 안후이 성 추저우로 모셔 왔던 것입니다. 이어 부하 요영충을 보내 원고를 응천(오늘날의 난징)으로 모실 계획이었는데, 배를 타고 과보 강가에 이르렀을 때 풍랑으로 배가 전복되어 원고가 빠져 죽었던 것이지요.

유능환 변호사　피고가 원고를 응천으로 모셔 오도록 했다는데, 그것이 사실인지 당사자인 원고를 불러 당시 사정을 들어 보지요.

판사　허락합니다.

유능환 변호사　피고 측에서는 두 가지 사실을 주장하고 있습니다. 피고가 부하 요영충으로 하여금 원고를 난징으로 모셔 오도록 했다는 것, 그리고 난징으로 오는 도중 풍랑이 일어 원고가 타고 있던 배가 전복되어 원고가 죽었다고 주장하는데, 그것이 사실입니까?

한림아　홍건적의 수도 카이펑이 원나라군에게 습격을 받아 내가 안풍으로 피난하였는데 그때 장사성 군대가 여진을 보내어 안풍을 습격한 것은 사실입니다. 그리고 그때 주원장이 우리를 구출해 추저우에 머물게 한 것도 사실입니다.

유능환 변호사　피고가 원고를 도와준 셈이군요.

한림아　그렇지요. 그런데 이게 어찌 된 일입니까! 세상에 믿을 사람 하나 없다더니, 바로 저 주원장을 두고 하는 말이지요. 1366년에 저자가 보낸 요영충이 나를 난징에 보내 준다고 해서 배를 탔다가

낭패를 당하고 말았습니다.

유능환 변호사 피고가 원고를 속였다는 것인가요?

한림아 두말하면 잔소리이지요. 주원장은 나를 안심시켜 놓고 뒤에서 칼을 꽂은 악랄한 자입니다. 그는 은혜도 모르는 배은망덕한 자일 뿐 아니라 비겁하기 짝이 없는 자입니다. 저자가 우리 일행을 양쯔 강에서 빠트려 죽인 것이지요.

명석환 변호사 판사님! 원고는 피고를 악랄한 자, 배은망덕한 자, 비겁한 자라고 몰아붙이고 있는데, 피고의 참모로 활동했던 증인 유기에게 그때의 사정을 들어 보고자 합니다.

판사 허락합니다.

명석환 변호사 증인은 원고가 죽게 된 당시의 상황을 증언해 주시지요.

유기 당시 나는 서편의 진우량 세력과 동편의 장사성 세력이 양쪽에서 난징을 향해 공격의 기회를 노리고 있으니 움직이지 않는 것이 상책이라고 주원장에게 진언했습니다. 그렇지만 주원장은 안풍이 점령당하면 장사성의 세력이 더 크게 확장되니 소명왕을 구해야 한다고 강력히 나섰습니다. 결국 주원장은 친히 군사를 이끌고 강을 건너 안풍을 점령하고 숨어 있던 소명왕을 추저우로 데려와 그곳에 머물도록 했습니다.

유능환 변호사 판사님! 피고가 원고를 구해 준 것은 그를 존중해서가 아니라 서로 세력을 다투고 있던 장사성의 세력이 커지는 것을 막기 위해서였습니다. 피고가 표면상으로는 원고를 왕으로 모시는 것 같지만 실상은 그를 인정하지 않았고 존경심도 전혀 갖지 않았습니다.

명석환 변호사　아닙니다. 원고 개인에 대한 존경심은 있었지만 이미 대송 정권은 이름뿐이었고 사실은 빈 껍질에 불과했습니다. 그런 상태에서 원고는 소명왕으로서의 권위를 잃고 있었기에 그를 따르는 사람이 거의 없었습니다.

유능환 변호사　피고는 자신의 세력이 커지자 원고를 언제 제거할까 하고 그를 감시하면서 기회만 노리고 있었습니다. 피고는 몰래 계획을 세워 요영충을 보내 궁지에 몰린 원고를 도와주는 척하면서 과보에 이르렀을 때 고의로 배를 전복시켜 원고 한림아를 강물에 빠트려 죽였던 것입니다.

명석환 변호사　원고는 자신의 죽음을 피고가 사주한 것으로 증언하고 있으나 그것은 어디까지나 풍랑에 의한 사고였습니다.

유능환 변호사　풍랑이라니요? 피고는 강남 지방의 경제력과 인재들을 손에 넣은 후 새로운 왕조를 세우려 했는데 걸림돌이 하나 있었죠. 바로 피고와 대송 정권, 곧 원고와의 관계입니다. 이 시기에 갖은 수단을 동원하여 강남을 지배하고 오국을 세운 피고는 실질적인 정치 세력이었으나 형식상으로는 대송국의 지배하에 있었기 때문에 원고의 존재는 피고의 신왕조 건설에 껄끄럽기만 했지요. 그리하여 피고는 심복 요영충을 은밀히 불러 원고를 없애도록 했는데, 이때 합법적인 연출이 1366년 12월에 발생한 배 전복 사건입니다. 정말 야비하고 악랄합니다.

배가 갑자기 전복되다니!

판사 피고가 죽였다는 확실한 증거가 있습니까?

유능환 변호사 증거가 있습니다. 원고의 죽음에 대해 역사에 어떻게 기록되어 있는지를 보면 금방 알 수 있습니다. 국가의 정사인 『명사』 「한림아전」에 "1366년에 한림아가 죽었다. 일설에 태조(주원장)가 요영충을 보내 한림아를 응천으로 불러들이게 하고 과보에 이르렀을 때 배를 전복시켜 그를 양쯔 강에 빠트렸다고 한다"라고 적혀 있습니다.

『명사』
중국 명나라에 관한 역사서로 336권에 달합니다. 중국 정사의 하나로, 청나라의 장정옥 등이 명을 받들어 편찬하였습니다.

재판 셋째 날 | 주원장은 어떻게 하여 최후 승자가 되었을까? ● 119

사주
남을 부추겨 좋지 않은 일을 시키는 것을 말합니다.

『국초군웅사략』
전겸익이 지은 책으로, 한림아, 곽자흥, 서수휘, 진우량 등 원나라 말기의 군웅 15명의 활동을 기록해 놓은 책입니다.

명석환 변호사 피고가 **사주**했다든지 피고가 죽였다는 내용이 있나요?

유능환 변호사 물론 피고가 요영충에게 물에 **빠트려** 죽이라고 지시했다는 것을 직접 보여 주는 내용은 없지만, 이 사료를 음미해 보면 피고가 시킨 것이 분명합니다. 『명사』 편찬자가 그저 '일설'이라고 표현한 것은, 왕조의 사관으로서 피고가 시켰다고 직접 기록할 수 없었기 때문이 아니겠습니까? 그러므로 피고의 지시가 확실합니다.

명석환 변호사 유 변호사님이 사료를 가지고 증언하니 나도 해 보지요. 『명사』 「요영충전」에는 "한림아가 추저우에 있을 때 태조는 요영충을 시켜 응천으로 맞으려 했는데 과보에 이르러 배가 전복되어 한림아가 죽었다. 이리하여 주원장은 요영충을 미워했다"라고 적혀 있습니다. 주원장이 요영충에게 시켰다면 왜 요영충을 미워하겠습니까? 또 『국초군웅사략(國初群雄史略)』에서도 "병오년(1366) 요영충이 한림아를 과보에서 **빠트렸다.** 명은 요영충의 불의를 미워하여 후에 죽음을 명했다"라고 소개하면서, 한림아가 요영충에 의해 죽었다는 내용은 있어도 피고가 명했다는 말은 한마디도 없습니다. 확실한 증거도 없는데 개연성만 가지고 얘기하는 것은 판결에 큰 오류를 가져올 수 있습니다.

유능환 변호사 존경하는 판사님, 그리고 배심원 여러분, 피고 측은 계속 발뺌하려고 합니다. 생각해 보십시오. 피고가 시킨 일인지 아니면 우연히 일어난 일인지, 문자로 나와 있지는 않지만 상황을 보

면 확실하지 않습니까? '일설'이라고 표현한 것은 바로 주원장이 사
주했다는 것을 말해 주고 있습니다.

명석환 변호사　　원고 측 변호인의 물증 없는 변론은 진상 규명의 한
계를 드러내고 있습니다. 피고는 어디까지나 궁지에 몰린 원고를 난
징으로 모시고자 했는데, 강을 건너다가 풍랑을 만나 배가 뒤집혀서
원고 일행이 익사한 것입니다.

유능환 변호사　　이 사건의 당사자인 원고의 얘기를 들어 보고 싶습
니다.

유능환 변호사   원고는 자신의 죽음에 대해 할 말이 있습니까?

한림아   이 사건의 당사자는 바로 나입니다. 기록에 남고 안 남고가 중요한 게 아닙니다. 내가 직접 당한 일입니다. 설령 주원장이 지령을 내려 나를 **빠트렸다** 한들 그 증거를 남겨 둘 리가 있습니까? 또 정사에 그렇게 기록할 리도 없습니다. 내가 당사자입니다. 피고는 나를 구해 주는 척하고 나를 **빠트려** 죽인 살인마입니다.

명석환 변호사   아닙니다. 원고는 지금 억지를 쓰고 있습니다.

유능환 변호사   강남의 지주·지식인들과 손잡고 독립적인 세력을 가졌던 피고로서는 어쩌면 무사히 원고를 맞아 **선양**의 형식으로 그 뒤를 이을 생각을 가졌을지도 모릅니다. 더욱이 원고가 장사성 군대의 추격을 받아 쫓기고 있었으니 피고는 그런 때를 이용했던 것이고요. **날조극**에 의해 원고가 물에 빠져 죽자 어정쩡한 선양 형식을 거칠 필요도 없게 되었으니 피고로선 쾌재를 불렀겠지요.

명석환 변호사   피고는 원고를 잘 모시려 했는데 원고를 태운 배가 풍랑을 만나 침몰한 것입니다. 원고가 죽자 피고는 '대송'의 '용봉' 연호를 버리고 그 이듬해(1367)를 '오 원년'으로 정해 신왕조 수립을 서둘렀습니다. ▶봄에는 과거제를 실시하겠다고 천하에 선포했는가 하면, 8월에는 천지신에 제사하는 제단 곧 **원구와 방구**, 사직단을 짓고, 9월에 태묘

선양

왕이 살아 있으면서 다른 사람에게 왕위를 물려주는 것으로 유교에서는 이상적인 정권 교체 방식으로 생각합니다.

날조극

사실이 아닌 것을 사실인 것처럼 거짓으로 꾸민 연극이라는 뜻으로, 일정한 목적을 위하여 거짓으로 꾸민 사건이나 책동을 이르는 말이지요.

교과서에는

▶ 주원장(홍무제)은 원 대에 거의 폐지되었던 과거제와 학교제를 부활시켰습니다.

(종묘)를 만들었으며, 12월에는 율령을 반포함으로써 원나라에 대신할 국가 체제 수립을 준비했습니다. 이후 1368년 1월, 마침내 명나라가 출범했습니다.

판사   오늘 재판에선 피고가 강남 지방을 발판 삼아 어떻게 세력을 확장해 갔는지, 그리고 피고가 원고를 죽이도록 지시했는지에 대해 양측의 주장을 들었습니다. 저와 배심원들은 양측 주장을 충분히 고려해 판결을 내리겠습니다. 잠시 휴정한 후 원고와 피고의 최후 진술을 듣고 재판을 마치겠습니다.

원구와 방구
제왕이 하늘에 제사를 지내는 곳을 원구라 하고, 지신에 제사하는 곳을 방구라 하는데, 하늘은 둥글다 하여 제단을 둥글게 만들었고, 땅은 형태가 네모로 되어 있다 하여 제단을 방형으로 만들었습니다.

다알지 기자

안녕하십니까? 역사공화국 법정 뉴스의 다알지 기자입니다. 한림아와 주원장의 3차 재판이 방금 끝났습니다. 오늘 재판에서는 피고 주원장에 대한 여러 이야기가 오갔는데요. 주원장이 강남에서 어떻게 세력을 펴 나갔는가에 대한 변론이 있었고요, 재판 막바지에선 한림아가 탄 배가 침몰해 사망한 게 주원장 때문인지에 대한 공방이 뜨거웠습니다.

원고 측은 주원장이 홍건적의 북벌 운동에 참여하지 않고 도리어 강남으로 내려가 지주층과 손잡고 자기 세력을 키워 나갔다고 주장한 반면, 피고 측에서는 주원장이 무장 집단적·파괴적 성격을 지닌 홍건적 체제 대신 근검절약과 유교주의적 질서를 추구함으로써 세력을 확장시킬 수 있었다고 주장했습니다.

또한 소명왕 한림아의 죽음에 대해서는 고의적인 살인 행위였는지 아니면 풍랑에 의해 배가 전복된 것인지 서로 팽팽하게 맞섰지요.

오늘이 마지막 재판인 만큼 원고와 피고에게 오늘 재판에 대한 소감을 묻겠습니다.

한림아

　유능환 변호사가 나를 변호하느라 수고 많
았습니다. 각종 자료를 치밀하게 수집하고 최선
을 다해 주어 좋은 결과가 나오리라 생각합니다. 증
인으로 나온 유복통의 증언도 적절했고요. 그런데 피고 측은 억지 주
장으로 내게 흠집을 내려는 속내가 뻔히 보여 기가 막혔습니다.

　주원장이 다른 속셈을 품었던 건 틀림없는 일이었습니다. 다만 홍건
적이라 위장하고 있었기에 그것을 알아차리지 못했던 것이지요. 그는
그럴듯하게 상관과 농민을 속인 비열한 자입니다. 마땅히 그 죄를 물
어야 합니다. 홍건적의 탈을 쓰고 농민을 살린다 하면서 실은 강남의
지주들과 손잡았고, 게다가 천하를 거머쥐기 위해 비열한 속임수로 나
를 죽였지요. '역사는 승자의 기록'이라 하듯이 그의 속임수와 야비함
이 사료에는 은폐되어 있으나 상황을 유추하면 금방 알 수 있습니다.
농민을 속이고 나라를 거머쥐었으면서도 도리어 농민을 위한다고 뻔
뻔스럽게 주장하는 자는 아마 주원장밖에 없을 것입니다. 피고는 농민
을 속인 자요, 상관을 꾀어 살인한 자입니다. 마땅히 그 악랄한 죄가 백
일하에 드러날 것입니다.

주원장

한림아는 내가 비열한 방법으로 승리를 거
뒀다고 말하는데, 당시는 군웅들의 싸움이 끊이
지 않던 원나라 말 혼란기였소. 또한 홍건적들이
약탈과 파괴를 일삼던 시기였지요. 당시 백성들은 싸
움이 하루빨리 끝나 질서 있고 평화로운 세상이 오기만을 기다리고 있
었어요. 이러한 때 내가 강남으로 간 것은 농민을 살리기 위해서였습
니다. 물론 정치적 계산이 없지는 않았지요. 원나라 말기의 혼란을 해
결해야 할 시대적 요청이 있었으니까요.

니는 원나라 치하에서 시달리고 있던 백성들을 위해 최선을 다했고,
각계각층의 후원을 받아 마침내 천하를 통일하고 명나라를 세웠습니
다. 나는 새로 나라를 세운 후 국가 기강을 바로잡고, 사회 안정을 꾀하
며 백성을 위한 정치를 했지요. 어디까지나 민생을 도모하는 데 일생
을 바쳤다는 것을 알아주셨으면 합니다.

그리고 원고 측에서 내가 고의로 한림아를 물에 빠트려 죽이고 스
스로 황제가 되었다고 주장하는데, 이는 사실이 아니오. 난 장사성 군
대에 쫓기던 한림아를 돕고 난징으로 잘 모시려 했는데 이런 큰 오해
를 받다니 참으로 억울합니다. 하지만 크게 개의치 않습니다. 현명한
판결이 내려질 것이라 믿기 때문입니다.

왜 주원장은 명나라를 세웠을까?

동족의 시체를 밟고 올라 과실을 챙긴
주원장은 파렴치한 자요
VS
농민들의 생활의 안정이 우선되어야 했소

판사　이제 당사자들의 최후 진술을 듣고 재판을 마무리하겠습니다. 법정에서 한번 내뱉은 말은 다시 주워 담을 수 없음을 명심하고 신중하게 생각해서 말씀해 주시기 바랍니다. 배심원들도 두 분의 최후 진술을 경청하고 바른 판단을 내려 주시기 바랍니다.

한림아　존경하는 판사님! 그리고 배심원 여러분! 피고 주원장은 부장 곽자흥의 지도권을 이어받아 내 밑으로 들어온 뒤 비열한 속임수로 농민들을 버리고 최후 승자의 반열에 올랐으며, 나를 동정하는 척하면서 나를 속여 죽인 자입니다.

　나는 대송국을 세운 후 바로 원나라 수도를 함락해 원나라를 멸망시키기 위해 홍건적을 세 무리로 나누어 북상시켜 원나라 수도를 포위하려고 했지요. 그런데 주원장은 북진하지 않고 도리어 강남으로 내려갔습니다. 양쯔 강을 건너 난징을 함락시킨 후 계속 남진해 4년 만에 저장 성의 진화와 취저우까지 차지했습니다. 그런데 이것이 주원장이 원나라와 싸운 역사의 전부입니다. 강남 지역을 차지하고 난징을 근거지로 삼은 후에는 주원장은 원나라에 맞서 싸우지 않았습니다. 도리어 원나라군과 교류하면서 남방에서 서수휘, 나중에는 서수휘의 부하 진우량과 싸웠고, 방국진, 장사성과도 싸웠습니다. 결국 그는 원나라와 싸운 것이 아니라 한족 군웅과 싸운 것입니다. 그는 몽골 인과의 싸움에서는 뒤에 숨고, 도리어 동포인 한족과 싸워그 시체를 밟고 올라 그 과실을 따 먹은 자입니다. 그러므로 그가 원나라 타도를 부르짖은 것은 허위이고, 실은 민족에 반역하고 농민을 기만했던 것이지요.

피고 측 변호인의 주장대로 내가 실패하고 결국 죽은 것은 내 덕이 모자랐기 때문일 수도 있습니다. 그러나 내가 세계사법정에 소송을 제기한 것은 나의 부족함을 변명하거나 내가 잘했다고 주장하려는 것이 아니요, 다만 난세 때마다 주원장과 같이 기만술에 능한 자들이 뛰어나와 백성을 위한다는 미명하에 자기의 정치적 욕망을 채우는 일이 되풀이되어서는 안 된다는 것을 세상에 널리 알리기 위해서입니다.

나를 원나라 말기의 혼란을 해결할 만한 수완과 능력이 없는 사람이라고 평해도 별로 불만이 없습니다. 다만 몽골 족을 몰아내는 과정에서 감히 천명을 들먹이며 몽골 족과 싸우지는 않고 도리어 많은 한족을 희생시키고 그 희생 위에 명나라를 세운 파렴치한 자가 칭송받는 것만은 결코 용납할 수 없습니다. 실로 주원장은 동포인 한족들의 시체를 밟고 올라서서 과실을 챙긴 자입니다.

그는 명나라를 세운 후에도 전제 정치를 펴서 백성을 억압했고, 많은 관료를 제거해 공포 정치를 실시했습니다. 중국사에서 명나라 태조인 주원장이 교활하고 잔인무도한 정치가라는 평가를 받는 까닭이 바로 여기에 있습니다. 현명한 판단을 기대합니다.

주원장　　존경하는 판사님, 그리고 배심원 여러분!

원나라 말기에는 한인 지주층이 원나라 권력에 기생하면서 많은 토지를 차지하고 있었고, 거기다 설상가상으로 해마다 한해, 수해, 충해가 발생해 농민들이 고통 속에서 허덕여야 했습니다. 그러자 도탄에 빠진 농민들은 '미륵불이 내려와 세상을 구원한다'고 가르치는 백련교를 믿으며 유토피아 세계의 출현을 기대하게 되었지요.

그런데 원고 한림아는 이런 농민들을 이용해 원을 타도하고 황제가 되려는 꿈을 꾸면서 많은 희생을 낸 자입니다. 물론 한림아의 진술이 모두 틀린 말은 아닙니다. 한림아와 유복통이 원나라와 직접 싸운 것도 사실이고요. 그러나 한림아의 홍건적은 북진에 힘쓰면서 군량을 확보하기 위해 점령지에서 도적질하고 재산을 빼앗는 일이 많았기에 농민들로부터 빈축을 샀습니다. 그리고 사실 한림아와 유복통은 원나라를 얼마든지 전복시킬 수 있는 병력과 힘을 가지고 있었습니다. 그런데 그들은 병력을 집중시켜 원나라 수도인 대도를 맹렬히 공격하지 않고 병력을 세 부대로 나누어 북진함으로써 홍건적의 역량을 분산시켰고, 그 결과 원나라 군대에게 각개 격파당하고 말았습니다. 그의 명령을 받고 북벌에 참가했던 홍건적은 원나라 군대의 반격을 받아 실패하고 말았지요. 달아나던 홍건적이 궁지에 몰려 두 차례나 압록강을 건너 고려에 침입해서 많은 피해를 입혔다는 것이『고려사』에 잘 나와 있습니다. 원고의 무모한 전략 때문에 많은 희생자가 났던 것이지요.

원나라가 왕조 말기라고는 하나 여전히 탈탈, 차칸티무르 등 강력한 장수들이 있었습니다. 아직 실력을 갖추지 못한 채 원나라와 싸운다는 건 무모한 짓이었지요. 더욱이 분산해서 북상함으로써 홍건적의 힘이 약해지고 말았어요. 원나라를 물리치기 위해서는 농민들의 생활을 안정시키는 일이 우선되어야 했습니다. 그래서 난 강남으로 내려가 지주·지식인과 손잡고 천하를 통일했던 것이지요. 제가 어디까지나 민생을 도모하는 데 일생을 바쳤다는 것을 알아주셨으면 합니다.

판사   지금까지 원고 한림아와 피고 주원장의 최후 진술을 잘 들었습니다. 3차 재판까지 오는 동안 원고 측과 피고 측 그리고 배심원 여러분 모두 수고 많았습니다. 그동안 원고와 피고, 증인들의 진술을 충분히 들었으니 그 내용을 참작해 배심원 여러분은 각자 잘 판단해 보시기 바랍니다. 이 법정에는 보이지 않는 배심원들이 있습니다. 독자 여러분이 바로 사실상의 배심원이지요. 저는 배심원의 평결을 참고해 4주 후에 최종 판결을 내리겠습니다. 이상으로 재판을 마칩니다.

땅, 땅, 땅!

역사공화국 세계사법정 재판 번호 26 한림아 vs 주원장

주문

역사공화국 세계사법정은 한림아가 주원장을 상대로 제기한 홍건적 기만의 죄와 한림아 살인죄를 기각한다.

판결 이유

원고 한림아는 피고 주원장이 농민들을 버리고 지주·지식인들과 손잡아 홍건적을 기만했으며, 왕인 원고 자신을 죽이고 스스로 나라를 세웠다고 소송을 제기했다. 그러나 과연 주원장의 행동이 농민군을 이용하고 기만한 것인지 단정하기 어렵고, 한림아를 죽인 사람이 주원장인가 하는 것도 판단하기가 쉽지 않다.

피고가 원고와 홍건적의 세력을 이용해 자신의 정치적 욕망을 실현하려 한 점은 도덕적으로 비난받을 수 있다고 판단된다. 하지만 원나라 말 동란기의 특수한 상황을 감안할 때 주원장을 부도덕한 인물로 몰아세울 수만은 없다. 오히려 주원장은 농민들의 가난을 해결하기 위해 생산력 증대에 힘썼고 강남의 지주·지식인들과 손잡고 혼란한 사회를 바로잡으려 했던 점이 돋보인다. 그런 점에서 주원장의 행동은 비록 도덕적으로 비난받을 점이 없지 않으나 당시 사회상에서 나타난 정치적 행동이라고 볼 때 나름대로 타당성이 인정된다.

피고가 원고를 죽인 살해자라는 안건은 심증은 가나 물증이 없다. 원고는 피고가 요영충을 보내 궁지에 몰린 자신을 돕는 척하면서 고의로 배를 전복시켜 양쯔 강 물에 빠트렸다고 주장한다. 그러나 이 사건은 피고가 시킨 것인지 아니면 우연히 일어난 일인지 확인할 수 없다.

10세기 이래로 중국의 한족은 국토와 인구수에서 단연 앞섬에도 불구하고 북방 이민족에게 점차 압도당하다가, 원 대에는 완전히 이민족의 지배하에 있게 되었다. 이러한 때에 홍건적 출신 주원장은 원나라를 무너뜨리고 명나라를 세움으로써 '중화 민족 국가로의 복귀'라는 민족적 과제를 해결하고 한족의 자존심을 회복시켜 주었다. 더불어 몽골 족에 의해 억압되었던 중국 전통 사상과 문화가 다시 소생할 수 있게 되었다는 점에서 원·명의 교체는 중요한 의미를 갖고 있다.

본 법정은 원·명 교체기 홍건적의 대표자 한림아와 주원장의 역사 활동에 대해 옳고 그름을 밝혀 달라는 이번 사건을 담당하게 된 것에 무거운 역사적 책임을 느낀다. 비록 원고의 청구를 기각하지만 원고의 억울함은 충분히 이해하는 바다. 또한 피고는 나라를 세운 후 국초 지배 체제와 기강 확립을 위해서라고는 하나 많은 개국 공신과 관료들을 숙청함으로써 공포 정치의 대명사로 평가되고 있는 만큼 겸허한 자세로 자신의 행적을 되돌아보기 바란다.

역사공화국 세계사법정 담당 판사 명판결

"난세를 평정하고 나라를 구하기 위해서는
지혜와 용맹이 있어야 하고
인재를 잘 써야 한다오"

한림아와 주원장의 재판이 힘겹게 끝났다. 날씨도 을씨년스럽다. 겨울이라 그런지 몹시 스산하고 쓸쓸한 데다 바람마저 세차다.

패소하고 사무실로 돌아온 유능환 변호사, 그의 몸에 이제 피곤이 밀려온다. 그간 한림아의 변호를 위해 연구하고 사용하던 여러 자료와 서류들이 여기저기 어지럽게 뒹굴고 있으나 치울 생각도 들지 않는다. 애써 소파에서 일어나 창문을 열고 환기시킨다. 책상 위에 놓인 작은 라디오에서 일본의 지진과 쓰나미 피해, 그리고 다국적군의 공습으로 리비아의 방공망과 병참 시설이 대부분 파괴되고 트리폴리의 카다피 관저가 쑥대밭이 됐다는 뉴스가 흘러나온다.

"왜 이렇게 지구촌에 재난이 많고 세상이 어지러울까?"

긴 숨을 내쉬는 순간 전화벨이 울렸다.

'띠리리리 띠리리리!'

"어이쿠, 깜짝이야! 이 밤중에 누구야?"

피곤해서인지 벨 소리가 유난히 크게 들렸다.

"여보세요! 유능환 변호사입니다. 누구세요?"

"나는 주승이라는 사람이오. 오늘 방청석에서 유 변호사의 변론을 잘 들었소이다."

유능환 변호사는 깜짝 놀랐다. 주승이라면 주원장에게 나라를 세우기 위한 3대 책략을 진언한 사람 아닌가. 유능환 변호사는 그를 만나고 싶었다. 그에게서 주원장에 관해 더 듣고 싶었기 때문이다.

"반갑습니다. 선생님, 뵙고 싶은데 제 사무실에 한번 들르시지요."

이튿날 주승이 공단 오거리에 있는 유능환 변호사의 사무실에 찾아왔다. 적당한 키에다 점잖은 얼굴에선 선비의 고고함이 엿보였다.

주원장이 여러 군웅 세력 중 최후 승자가 될 수 있었던 것은 주승과 유기 같은 인재가 있었기 때문인 것을 잘 아는 유능환 변호사가 주승에게 물었다.

"선생님은 본래 학자가 아닙니까?"

주승이 웃는 얼굴로 대답했다.

"그렇습니다. 주원장을 만나기 전에는 지금의 장시 성에 학교를 세워 후학을 가르치고 있었지요."

"저도 잘 압니다. 제가 한림아 변호를 준비하면서 주원장에 대해서도 많이 연구했어요. 선생님은 주원장이 대업을 이루기 위한 가르침을 청했을 때 아홉 글자로 간략히 대답했잖습니까?"

"저를 잘 아시는군요. 역시 유 변호사님이십니다."

주승이 인정해 주자 유능환 변호사는 어깨가 으쓱해졌다.

"성벽을 높게 쌓고(高築墻), 식량을 널리 모으고(廣積糧), 서두르지 말고 천천히 왕의 칭호를 사용하면(緩稱王) 새롭게 나라를 세울 수 있다고 주원장에게 조언하셨지요? 주원장이 충고를 잘 따랐습니까?"

"나도 의외였지요. 홍건적 출신인 그가 내 말을 잘 따르리라고는 생각지 않았거든요. 이 점이 그가 다른 홍건적 수장들과 다른 점이 었지요. 그는 지식인을 잘 대접했고 또 그들을 모시고 유학과 정치에 대해 공부를 많이 했어요."

"그렇습니까? 다른 홍건적들이 원나라를 무너뜨리기 위해 북진에 여념이 없는데 주원장은 착실히 나라를 세울 준비를 했다는 것인가요?"

"유 변호사가 주원장에 대해 연구했다고 하니 설명하겠는데, '성벽을 높게 쌓으라'는 것은 국가의 안위, 요즘 말로 하면 안보를 튼튼히 하라는 말이었소. '식량을 널리 모으라'는 것은 민생의 안정이었고요, '서두르지 말고 천천히 왕의 칭호를 사용하라'는 것은 명분에 휘둘리지 말고 현실을 중시하라는 뜻이었습니다."

어느새 유능환 변호사도 맞장구를 치고 있었다.

"저도 이해가 갑니다. 이 말은 역대 중국 정치권에서 치세를 위한 방략으로 널리 쓰이는 명구가 되었지요. 마오쩌둥은 오늘의 새로운 중국을 세운 뒤 이 말을 잘 코디해서 '방공호를 깊이 파고, 널리 식량을 모으고, 패권을 말하지 말라'는 식으로 사용했다지요."

"유 변호사, 정말 유식하군요."

"그렇다면 한림아와 주원장의 차이는 어디에 있습니까?"

"한림아와 주원장은 지혜와 용맹, 그리고 인재 등용에서 차이가 있지요. 한림아·유복통이 이끈 홍건적은 원나라 타도를 위해 북쪽으로 올라가면서 지나치게 점령지 농가의 재산을 약탈하고 반항하는 사람을 죽였습니다. 자연히 도적질과 약탈, 살인 행위가 많이 발생했지요. 또한 대송 정권에서 한림아가 두각을 나타내는 신하를 신임하면 유복통은 그를 질투해 처단하기도 했고요."

"선생님, 난세의 지도자는 때로 과단성 있는 결단을 내려야만 하지 않습니까?"

"그거야 그렇지요. 하지만 유복통이 승상 두준도를 암살하고 실권을 장악한 후 대송 정권에 내분이 시작되었고, 그런 내분은 한림아·유복통 군대의 단결을 약화시켰습니다. 한림아나 유복통은 송의 부흥을 꿈꾸며 원나라를 타도하고 한족에 의한 국가를 세워야겠다는 욕망은 강했으나 대중을 이끄는 정치적 감각은 미약했다는 것이지요."

"한림아나 유복통은 그렇다 하더라도, 조정의 지배에서 사실상 벗어나 있던 강남 지방을 제패할 세력은 주원장이 아니라 진우량이나 장사성이라고 본 사람들이 많았는데 결국은 주원장이 최후 승자가 되었으니 이게 어찌 된 일입니까?"

"사람들은 그렇게 여겼습니다. 군사력으로 말하면 진우량을 당할 세력이 없고, 경제력에선 장사성을 당할 세력이 없었으니까요. 그러

과단성
일을 딱 잘라 결정하는 성질을 말하지요.

나 사실 주원장에게도 그만한 장점이 있었지요. 바로 원나라에서 천대받으며 묵묵히 학문에만 정진해 온 강남의 선비들이었는데요, 그들이 주원장의 근거지인 난징으로 찾아와 힘을 보탰던 것이지요. 장사성이나 진우량은 눈에 보이는 힘만 중시했지 인재를 보는 눈이 부족했어요. 그들은 지식인, 선비들이 가지고 있는 말과 글의 힘을 보지 못했습니다."

"그렇다면 주원장은 지식인과 학자들의 잠재력을 제대로 읽었다는 얘기인가요?"

"그렇지요. 특히 나를 비롯해 송렴, 유기 등 여러 지식인들이 '명분을 뚜렷이 내세우고 민심을 잡아라', '당장 원나라 조정과 맞싸울 것이 아니라 우선 강남을 평정해야 한다'고 주원장에게 조언했지요. 주원장은 이런 조언을 받아들여 이후 10년이 넘도록 다른 홍건적들의 북벌에는 동참하지 않고 오직 강남에서 세력을 늘리는 데에만 힘썼습니다. 그사이에 홍건적 북벌군은 원나라에게 격파되었고, 그러느라 원나라도 지칠 대로 지쳐서 주원장이 본격적으로 북벌에 나서자 막을 힘이 없었지요. 결국 난세를 평정하고 나라를 구하기 위해서는 뭐니 뭐니 해도 지혜와 용맹이 있어야 하고 인재를 잘 써야 한다고 생각하오."

"인재를 잘 써야 한다는 선생님의 말씀을 들으니 최고의 두뇌를 적절히 활용할 줄 알았던 당태종 이세민의 인재 관리 비법이 생각나는군요. 동양의 고전으로 『삼국지』가 최고로 꼽히지만, 조직을 발전시키는 여러 전략이 잘 드러나 있는 고전으로는 역시 『정관정요』만

한 것이 없지 않습니까? 정치 지침서라 할 수 있는 『정관
정요』를 보면, '정치를 잘하느냐 못하느냐의 요체는 오직
사람을 얻는 데 있으며 인재를 얻지 못하면 올바른 정치에
이를 수 없다'는 말이 있지요. 군주는 여러 현명한 신하들
로 하여금 자유롭게 의견을 피력하도록 하고 뛰어난 인품
과 통찰력으로 이들의 의견을 수렴해 지혜롭게 나라를 다
스려야 한다는 말이지요."

『정관정요』
'정관'은 당나라 제2대 황제인
태종의 연호입니다. 태종은 중
국 정치사에서 매우 뛰어난 통치
자로 명성을 후세까지 남기고 있
는 황제 이세민이며, 『정관정요』
는 태종이 국가를 통치하기 위해
신하들과 논의한 다양한 전략과
전술 내용을 기록해 놓은 일종의
정치 문답집입니다.

"유 변호사야말로 정말 똑똑하고 유능한 변호사로군요! 내 말을
듣고 제왕학의 책인 『정관정요』에서 똑같은 말을 찾아내었으니 말
이오. 하하!"

주승의 칭찬을 듣고 유능환 변호사는 우쭐대었다.

"인재를 얻어야 함은 비단 정치에만 국한되는 것은 아니겠지요.
그 어떤 조직도 인재를 얻지 못하면 허물어지고 마는 것 아닙니까?
이것은 인재 전성 시대를 맞고 있는 현대에도 변함이 없는 진리라
생각합니다."

"그렇지요. 오늘날에도 지난날의 지혜를 벗어나기 어렵습니다. 많
은 사람들이 어렵게 일을 성취한 후 너무 자만하거나 내외 상황에
대한 판단 착오로 제대로 지켜 내지 못하고 망한 경우가 비일비재합
니다. 지도자들은 부단히 자신을 가다듬고 유능한 인재를 가까이하
여 그들의 충언과 간언을 경청할 줄 알아야 합니다. 경청만 하는 것
이 아니라 올바른 의견은 그대로 실행에 옮기는 결단력과 행동력도
지녀야 하지요. 지도자가 관리하는 조직이 크든 작든 이러한 지혜와

리더십은 반드시 필요합니다. 이런 면에서 한림아와 주원장의 차이가 나타나는 것이지요.”

　“하지만 한림아의 죽음에 대해서는 의문이 풀리지 않는군요. 영원히 풀리지 않을 미스터리인 줄 알면서도.”

　“그래요. 이번 재판에서 한림아는 주원장이 자신을 암살했다고 주장했지만, 그것은 한낱 의혹일 뿐 확실한 증거가 없으니 패소한 것이지요. 한림아 익사 사건은 영원히 풀리지 않을 숙제입니다. 그와 유사한 미스터리 사건들이 역사 속에는 많이 있지 않습니까? 시간이 흐름에 따라 갖가지 추측만 난무할 뿐, 사실이 밝혀지기란 쉬운 일이 아니지요. 오늘 보니 유 변호사가 이 문제에 집착한 나머지 스트레스를 많이 받고 있는 것 같았소. 그에 대한 미련을 버리시라고 일러 주고 싶어서 오늘 내가 찾아온 것이오."

주승은 유능환 변호사에게 건강을 조심하라고 당부한 뒤 손을 흔들어 인사하며 사무실 문을 빠져나갔다.

유능환 변호사가 텔레비전을 켜니 마침 밤 9시 뉴스에서 이번 사건의 재판 결과가 나온다. 쉬지 않고 몇 차례 열린 재판과 그 패소 소식까지 들으니 더욱 몸이 나른해진다. 스트레스를 풀기 위해 그간 도착한 친구들의 메일을 읽으면서도 유능환 변호사는 주승이 남기고 간 말이 머리에서 맴돌았다.

"난세를 평정하고 나라를 구하기 위해서는 지혜와 용맹이 있어야 하고, 인재를 잘 써야 한다오."

주원장의 힘이 된 도시, 난징

난징[南京]은 중국의 남쪽에 있는 도시로, 양쯔 강 삼각주 지역에 자리 잡고 있습니다. 천연자원이 풍부하며 우리나라보다 위도상으로 남쪽에 위치해 고온 다습하지요.

역사적으로 난징은 오나라, 송나라, 양나라 등의 도읍지일 정도로 중요한 도시였습니다. 특히 남송 때에 건강부, 원나라 때에 집경로로 불리다가 명나라의 도읍이 되어 처음에는 응천부, 뒤에는 난징으로 불렸지요. 현재의 명칭은 그때 비롯된 것입니다. 사실 난징은 원나라 때 많은 수탈과 억압을 당했습니다. 원나라 때 몽골 인들이 중국 남쪽 지방을 천대하였기 때문이지요. 하지만 주원장이 이곳을 점령한 뒤 주민들의 마음을 다독이고 제대로 인정받도록 해 주었어요. 때문에 당시 난징 사람들 역시 주원장에게 우호적이었습니다. 1368년 주원장은 명나라를 세우고 이곳을 수도로 정하여 전 중국을 통일하였습니다. 이곳은 북경으로 수도를 옮기기 전까지 명의 중심이었지요.

현존하는 34킬로미터에 달하는 성벽도 그때 축조된 것이라고 하지요. 이 성벽은 도시를 둘러싼 것으로는 세계 최대로 알려져 있습니다. 또한 난징 쭝산에는 주원장과 마황후의 무덤인 '명효릉'이 있는데, 중국에서 현존하는 가장 큰 황릉이며 2003년 7월 세계문화유산으로 등록되어 있습니다. 1381년부터 1413년까지 30여 년에 걸쳐 건설될 정도로 규모가 큰 황릉인데, 현재는 능의 일부만 감상할 수 있답니다.

난징은 많은 역사적 사건을 겪은 도시입니다. 1842년에는 아편전쟁 후의 난징 조약이 이곳에서 체결되었고, 이후에는 개항장이 되어 문호를 개방해야 했지요. 또한 1912년 중화민국 임시 정부가 이곳 난징에 수립되었고 1927년에는 수도가 되었습니다. 중화민국은 동양에서 최초로 민주 공화국이 되었고, 난징은 자유와 혁명의 도시로 자리매김했지요. 특히 1928년에는 장제스의 국민당 정부의 지원을 받아 거대한 도시가 됩니다. 하지만 그로부터 10년도 채 지나지 않은 1937년 난징에서는 대학살 사건이 벌어집니다. 중일 전쟁 도중 난징을 점령한 일본군이 중국인을 학살한 사건으로, 이때 학살된 중국인이 많게는 30만 명에 달할 것으로 추정되고 있습니다.

이렇게 많은 역사적 사건과 변화 속에서 다양한 일을 겪어야 했던 도시 난징은 부성급 시로 승격되어 현재 놀라운 발전을 거듭하고 있으며, 전통과 현대가 공존하고 있는 도시로 자리매김하고 있습니다.

참고 http://www.nanjing.gov.cn/

명나라 때 만들어진 성벽

명태조 주원장의 능인 명효릉 입구

『역사공화국 세계사법정 26 왜 주원장은 명나라를 세웠을까?』와 관련한 논술 문제를 풀어 봅시다.

※ 다음 제시문을 읽고 물음에 답하시오.

원나라에서는 몽골 인이 대부분의 권력을 장악하고 한인과 남인은 천대를 받았습니다. 여기에 몽골 귀족들의 사치와 횡포가 심해져 백성들의 생활은 궁핍해져 갔지요. 이에 백련교 신자들이 중심이 되어 머리에 붉은 천으로 띠를 두르고 난을 일으킵니다. 이것이 바로 '홍건적의 난'이지요.

홍건적의 고려 침략

한편 만주로 진출한 홍건적은 원나라 군대에게 쫓겨 한반도로 침범해 옵니다. 1359년 공민왕 때의 일이지요. 홍건적 무리는 의주, 정주, 인주, 철주 등을 차례로 함락하고 서경까지 밀고 들어옵니다. 하지만 고려군의 맹렬한 반격을 받아 쫓겨나게 되지요. 2년 뒤인 1361년에 또다시 압록강의 결빙을 이용해 홍건적이 침입을 합니다. 이에 공민왕은 남으로 피난을 가게 됩니다.

1. 위의 글은 '홍건적의 난'에 대한 내용이고, 아래의 (가)와 (나)는 이 사건에 대한 두 가지 입장입니다. (가)와 (나) 중 하나를 선택해 자신의 생각을 쓰시오.

(가) 홍건적의 고려 침입은 쫓아오는 원나라 군대를 피하기 위해 어쩔 수 없었던 것입니다!

(나) 홍건적의 고려 침입은 원나라 군대를 피하기 위해 어쩔 수 없었던 것이 아닙니다!

※ 다음 제시문을 읽고 물음에 답하시오.

(가) 진시황: 중국 최초의 중앙 집권적 통일 제국인 진나라를 세운 황제입니다. 그는 장양왕의 아들로 부왕이 죽자 13세의 어린 나이에 왕위에 올랐지요. 강력한 부국강병책을 추진하여 주위 여러 나라를 차례로 멸망시키고 중국 대륙을 통일하였습니다. 통일 후에는 스스로 '시황제'라 칭하였지요.

(나) 유방: 중국 전한의 초대 황제(재위 기원전 202~기원전 195)입니다. 서민 출신으로 농가에서 태어났으며, 진나라 말 진승이 반란을 일으키자 이에 호응해 들고일어납니다. 유방을 도운 공신들 중에는 비천한 출신이 많았습니다. 주발은 나팔수였고, 관영은 옷감 장수, 하후영은 마부였지요. 번쾌는 백정이었으며, 한신은 백수였습니다.

(다) 유비: 삼국 시대 촉한의 초대 황제(재위 221~223)로 관우, 장비와 의형제를 맺고 삼고초려로 제갈량을 맞아들입니다. 중산정왕의

왜 주원장은 명나라를 세웠을까?

후손이지만, 일찍 아버지를 여의고 어
려운 환경에서 자라지요. 훗날 조비가
한나라 헌제의 양위를 받아 위의 황제
가 되자, 유비도 한을 계승한다는 명
분으로 제위에 오릅니다.

2. (가)~(다)는 중국의 초대 황제에 관한 내용입니다. (가)~(다) 중 명나
라를 세운 주원장과 가장 비슷한 인물은 누구라고 생각하는지를 말하
고, 그 이유도 함께 쓰시오.

해답 1 홍건적의 고려 침입이 어쩔 수 없지 않았다는 (나)의 의견과 생각이 같습니다. 원나라 군대에게 쫓겨서 도망을 가다가 고려까지 침입해 왔다는 주장이 설득력이 있으려면 홍건적의 2차 침입은 있어서는 안 되는 것이지요. 또한 고려에 들어와서 성을 함락하고 왕까지 쫓아낼 정도라면 이것은 단순히 원나라 군대를 피하기 위함이 아니라고 생각합니다.

해답 2 난세에 영웅이 난다지만 명망가나 권세가가 아닌 서민 출신이 황제나 왕이 되는 건 그리 쉬운 일이 아닙니다. 그런 의미에서 보잘것없는 위치에서 황제의 자리에까지 오른 (나)의 유방이 주원장과 가장 비슷하다 할 수 있습니다. 이들은 혼란에 빠진 이전 왕조를 무너뜨리고 새로 나라를 세워 황제가 된 입지전적인 인물들이지요.

* 해답은 예시로 제시된 내용입니다.

왜 주원장은 명나라를 세웠을까?

역사공화국 세계사법정 26

왜 주원장은 명나라를 세웠을까?

© 전순동, 2013

초판 1쇄 발행일 2013년 3월 20일
초판 4쇄 발행일 2021년 7월 6일

지은이   전순동
그린이   안희숙
펴낸이   정은영

펴낸곳   (주)자음과모음
출판등록   2001년 11월 28일 제2001-000259호
주소   04047 서울시 마포구 양화로6길 49
전화   편집부 (02) 324-2347 경영지원부 (02) 325-6047
팩스   편집부 (02) 324-2348 경영지원부 (02) 2648-1311
이메일   jamoteen@jamobook.com

ISBN 978-89-544-2426-4 (44900)

• 이 책은 저작권법에 따라 보호받는 저작물이므로 무단 전재와 무단 복제를 금하며,
  이 책 내용의 전부 또는 일부를 이용하려면 반드시 저작권자와 (주)자음과모음의 서면 동의를 받아야 합니다.
  허가를 받지 못한 일부 사진에 대해서는 저작권자가 확인되는 대로 게재 허락을 받고 사용료를 지불하겠습니다.
• 책값은 뒤표지에 표시되어 있습니다.
• 잘못된 책은 교환해 드립니다.